AF525733

TKKG
JUNIOR

KARL

Karl Vierstein besucht auch die 5b. Er ist ein absolutes Superhirn und kennt sich mit moderner Technik bestens aus.
Karl wohnt nicht im Internat, sondern lebt bei seinen Eltern in der Villa Vierstein.

GABY

Gaby Glockner und Oskar machen TKKG komplett. Gaby wohnt bei ihren Eltern und liebt Tiere über alles.
Ihr Vater ist Kommissar, so haben die Detektive immer einen guten Draht zur Polizei.

Trügerischer Paddelspaß

Erzählt von Benjamin Schreuder
Nach Motiven von Stefan Wolf

KOSMOS

Umschlag- und Innenillustrationen von COMICON S. L. / Beroy+San Julian
Umschlaggestaltung: Weiß-Freiburg GmbH

TKKG Junior, Trügerischer Paddelspaß erzählt von Benjamin Schreuder
Nach einem Hörspiel von Martin Hofstetter nach Motiven von Stefan Wolf

Unser gesamtes lieferbares Programm und viele
weitere Informationen zu unseren Büchern, Spielen,
Experimentierkästen, Aktivitäten, Autorinnen und
Autoren findest du unter **kosmos.de**

Gedruckt auf Cradle to Cradle Certified™ Munken Papier

ISBN 978-3-440-17595-8
Redaktion: Lea Hille
Lektorat: Anja Herre
Grundlayout und Satz: DOPPELPUNKT, Stuttgart
Produktion: Verena Schmynec
Druck und Bindung: Finidr, s.r.o., Český Těšín
Printed in Czech Republic / Imprimé en République tchèque

Inhalt

Der Paddelspaß beginnt!

»Wann geht's denn endlich los?«, rief Herr Glockner augenrollend zum Steg hinüber.

Alles war bereit für die Paddeltour. Cockerspaniel Oskar hockte vorn im ersten Kanu und brummelte genüsslich, während Gaby seinen Hals kraulte. Hinter den beiden saß Tim. Ungeduldig klopfte er an den Bootsrand. Im Kanu daneben warteten Gabys Eltern auf die Abfahrt. Herr Glockner gähnte betont laut. Auch Frau Glockner wollte ganz offensichtlich nicht noch länger auf die Abfahrt warten. Sie pochte mit ihrem Paddel dreimal drängelnd an den Steg. Das dritte Kanu lag unbemannt am Seeufer und glänzte in der Nachmittagssonne.

Unterdessen posierte Klößchen am Steg für ein Handyfoto. Seinen Freund Karl hatte er als Fotografen eingespannt. Gemeinsam mit Tim, Gaby und Oskar bildeten die beiden den Detektivclub TKKG.

»Ähm ... hallo, ihr zwei!«, rief Frau Glockner ihnen zu. »Mir schlafen langsam die Arme ein.«

»Sogar der See kippt gleich um vor Langeweile«, beschwerte sich Tim bei seinen Freunden.

»Ich würde das Ganze ja auch gern abkürzen ...«, räumte Karl zerknirscht ein.

»Meine Eltern sollen eben den perfekten Eindruck von der Kulisse hier bekommen«, erläuterte Klößchen völlig entspannt. »Ihr könnt die Paddel ja so lange als Hanteln benutzen. Ist 'ne gute Übung, glaubt mir.«

»Jetzt werd' mal nicht frech, Wilhelm Sauerlich«,

nannte Gaby ihren Detektivfreund beim vollen Namen, was den normalerweise ärgerte.

»Ich gebe doch nur Gesundheitstipps«, winkte Klößchen grinsend ab. »Und keine Sorge ... wir sind gleich fertig. Ich habe einfach nur das Wichtigste vergessen.«

Prompt holte er eine Schokoladentafel Pistazie-Nugat-Cornflakes aus seiner Brusttasche. Mit einem Lächeln wie aus der Zahnpastawerbung hielt er sie ins Bild. Im Hintergrund spiegelten sich die Wolken im Oberwaldsee.

»So! Das Foto ist im Kasten«, meldete Karl. Schon gab er Klößchen das Handy zurück und wetzte mit seinem Rucksack zum letzten noch leeren Kanu.

Klößchen kontrollierte das Foto, nickte schließlich zufrieden und begann zu tippen. »Ich schreib Mama und Papa noch einen kurzen Gruß und schicke das Bild dann über den Ätna.«

»Ätna?!«, wiederholte Karl, während er an Bord des Kanus kletterte. »Du meinst *Äther*. Der Ätna ist der höchste aktive Vulkan Europas und liegt auf der Insel Sizilien. Unter Äther versteht man den blauen weiten Himmelsraum. Ursprünglich ging man im 17. Jahrhundert noch davon aus, dass es eine hypothetische Substanz gibt, die als Medium für die Ausbreitung des Lichts fungiert. Allerdings ...«

Gabys Mutter räusperte sich auffällig. »Apropos Licht. Bevor es stockdunkel ist, würden wir dann doch gern lospaddeln.«

»Okay, okay ... schon abgeschickt«, informierte Klößchen, warf sich den Rucksack über die linke Schulter und rief feierlich: »Der Paddelspaß kann beginnen!«

Während Karl schon im Kanu saß und es mit dem

Paddel ins seichte Seewasser schob, rannte Klößchen überschwänglich darauf zu. »Ich mach 'nen Sprung und wir kriegen mächtig Schwung«, reimte er im Laufen.

»Oh, oh! Besser keine Hechtsprünge«, warnte Frau Glockner und riss die Augen auf.

»Sonst kippt ihr noch um!«, pflichtete ihr Gaby bei.

In letzter Sekunde bremste Klößchen ab. »War ein Spaß!«

»Sooo spaßig ist das alles nicht, Sauerlich junior«, rief Herr Glockner. »Guck am besten, dass du dein Gleichgewicht hältst und schnell in Sitzposition gehst.«

Klößchen winkte lässig grinsend ab. »Ach, das reinste Kinderspiel.« Kaum hatte er jedoch mit einem großen Schritt einen Fuß aufs Kanu gesetzt, kam er ins Schwanken.

»Schnell hinsetzen!«, rief Karl mit banger Miene.

»*Würde* ich ja – aber ...

... **das waackelt eecht üüübel!**« Verzweifelt versuchte Klößchen, sein Gleichgewicht wiederzufinden.

»Schwerpunkt runter!«, war Karl alarmiert.

»*Schwerpunkt!?!* Was soll das denn bitte sein?« Hastig riss sich Klößchen seinen Rucksack von der Schulter und ließ ihn ins Kanu plumpsen.

»Oh! Das meinte ich nicht!« Karl hielt die Hände vors Gesicht, um den Rucksack abzuwehren. Klößchen machte nun endgültig den Abgang: Mit einem Schrei landete er im seichten Wasser. Im Nu tauchte er wieder auf und spuckte gut gelaunt eine Fontäne Seewasser aus.

»Ui, das war ja ein ordentlicher Rückenplatscher«, kommentierte Tim anerkennend.

»Alles in Ordnung, Willi?«, erkundigte sich Frau Glockner.

»Och ... wollte nur mal eben die Wassertemperatur testen!« Klößchen planschte vergnügt auf der Stelle, dass das Wasser mächtig spritzte. »Ist eigentlich ganz angenehm. Die Tour kann also losgehen!«

Kaum hatte Klößchen im Kanu Platz genommen und zum Stechpaddel gegriffen, kam überraschend jemand an den Steg gerannt. Es war Frau Mehring. Die Leiterin der ›Kanuverleih und Naturerlebnis GmbH‹ hatte die Paddelgruppe zuvor mit den Kanus ausgestattet. Sie war um die fünfzig Jahre alt, hatte glattes braunes Haar und trug im Gesicht eine Brille mit knallig rotem Rahmen.

»Stimmt etwas nicht mit unseren Booten?!«, rief Herr Glockner.

»Nein, nein. Mit denen ist alles in Ordnung«, schallte es zurück. »Ich hab aber vergessen, euch die Karte mitzugeben!«

Karl paddelte wieder an den Steg – prompt händigte Frau Mehring ihm eine eingeschweißte Faltkarte aus.

»Na, mal sehen, ob wir so ein gedrucktes Ding überhaupt brauchen, es gibt doch Apps fürs Handy«, überlegte Klößchen laut.

»Und selbst eine App brauchen wir wohl kaum«, schmunzelte Gaby, während sie dem mittlerweile ungeduldig wuffenden Oskar ein Leckerli zusteckte. »Ich wette, unser Karl hat jede Biegung haargenau im Kopf abgespeichert. Wir nennen ihn deshalb auch unseren ›Computer‹.«

»Und heute ist er mal unser ›Navi‹«, ergänzte Tim mit einem Augenzwinkern.

Karl lief himbeerrot an. »Na ja, ein bisschen recherchiert habe ich natürlich schon. Aber *über*schätzt mich bitte nicht. Abgesehen davon ist so eine wasserdichte Karte bei schlechtem Wetter tausendmal praktischer als jede Handy-App.«

»Allerdings!«, pflichtete Frau Mehring ihm bei. »Ihr ahnt nicht, wie oft Handys schon ungewollt im See gelandet sind. Abgesehen davon ist der Empfang hier fast überall sehr schlecht, wodurch ja auch die Navigation fehlschlägt.« Dann fuhr sie mit dem Finger über die Karte.

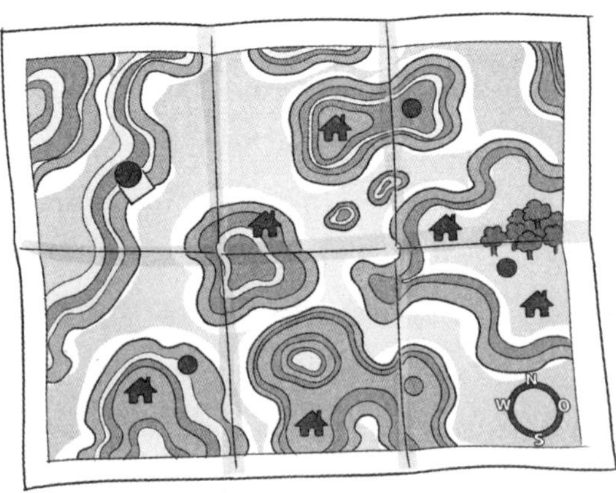

»Darin findet ihr alle Wasserwege im Naturparadies Oberwald. An diesem roten Punkt befinden wir uns gerade. Dort drüben sind die vielen Kanäle, die zum Kleinen Schmüggelsee – der liegt hier drüben – führen. Und dort am Rand seht ihr den Großen Schmüggelsee. Ach ja, Zelten ist nur an den gekennzeichneten Stellen erlaubt, aber das wisst ihr ja eigentlich schon.«

»Für den Fall, dass Sie uns suchen sollten ...«, schaltete sich Gabys Mutter ein, »Wir wollen heute auf einer Insel am Kleinen Schmüggelsee und morgen in der Eichenbucht am Großen Schmüggelsee übernachten.«

»Gute Wahl, gute Wahl!« Die Kanuverleiherin streckte den Daumen nach oben. »Ach, hatte ich eigentlich schon erwähnt, was unsere Besucher hier im nächsten Jahr erwartet?«

Klößchen blickte fragend über die Oberfläche des Oberwaldsees. »Schwimmen mit Delfinen vielleicht?«

»Ich glaube nicht, dass sich Delfine in dem kühlen Wasser hier wohlfühlen.« Karl kratzte sich am Kinn.

Gaby pustete sich missmutig eine Strähne aus

dem Gesicht. »Und überhaupt ist diese Art von Tourismus gar nicht gut für die Tiere.«

Die Kanuverleiherin schüttelte lachend den Kopf. »*Tiere* haben wir hier genug, aber *für die Menschen* fehlt etwas: der Komfort.«

Tim ließ verwundert seinen Blick schweifen. »Ach ja?«

»Natur *und* Luxus – das ist nämlich die Zukunft«, verkündete Frau Mehring theatralisch. »Sobald ihr unser neues Luxus-Wildnis-Resort gesehen habt, werdet ihr beim nächsten Mal garantiert eure Zelte zu Hause lassen.«

Gabys Mutter runzelte die Stirn. »Eigentlich sind wir alle große Zeltfans, oder?« Sie erntete einhelliges Nicken von ihrem Mann und TKKG.

Doch Frau Mehring schwärmte einfach weiter, als läse sie aus einer Werbebroschüre vor. »Unser Resort wird keine Wünsche offenlassen. Im kanadischen Stil eingerichtete Hütten mit zwei bis drei Zimmern, dazu WLAN, modernste Regenduschen, finnische Dampfsauna, Waschmaschine mit Trockner, Spielplätze für die Kleinen, Trainingsgeräte für die Erwachsenen und, und, und.«

»Wir brauchen aber wirklich nur Zelt, Isomatte, Schlafsack und ein Lagerfeuer«, warf Gaby ein.

»Und ausreichend Schokolade natürlich«, strahlte Klößchen.

»Und Würstchen und Stockbrotteig zum Grillen«, fand Tim.

Auch in Karls Stimme schwang große Vorfreude mit. »Mit Kanu und Zelt erreicht man einfach Orte abseits der bekannten Pfade.«

»Und kann jeden Tag woanders schlafen«, begeisterte sich Herr Glockner.

»Verstehe, verstehe«, nickte Frau Mehring. »Aber falls ihr doch irgendwann genug habt von der Lagerfeuerromantik, schaut bald mal auf unserer Webseite vorbei. Die Adresse findet ihr hinten auf der Karte. Da steht alles zu unseren Resortplänen. Und jetzt erst einmal frohes Paddeln!«

Das ließen sich TKKG und die Glockners nicht zweimal sagen. Mit breitem Grinsen tauchten sie ihre Paddel ins Seewasser und Oskar bellte freudig.

»Ich glaube, das hieß auf Hundisch: *Der Paddelspaß fängt jetzt wirklich an!*«, spielte Klößchen den Tierversteher.

Gaby lachte. »Ach, Klößchen, wenn es dich nicht schon gäbe …«

»… müsste man dich auf der Stelle …«, übernahm Tim.

»… erfinden!«, riefen Karl und Gaby gleichzeitig.

Erste Etappe

Nach einer Viertelstunde hatten die Millionenstädter den Oberwaldsee überquert und erreichten einen Kanal, der sich bald mehrfach verzweigte.

Hier machte das Naturparadies Oberwald seinem Namen alle Ehre: Schmale Wasserwege durchkreuzten einen idyllischen Wald. Flussweiden streckten sich von Ufer zu Ufer und bildeten verwunschene grüne Tunnel. Tim, Karl, Klößchen, Gaby und deren Eltern passierten Biberbauten, pilzbewachsene Baumstümpfe und sahen sogar einen Eisvogel.

Es war so warm, dass Klößchens Klamotten nach einer halben Stunde schon fast getrocknet waren. Inzwischen war jedoch seine Stirn nass – vor Schweiß. Er schnappte nach Luft. »Kann es eigentlich sein, dass die Paddel von Minute zu Minute schwerer werden?«

»Das sind nur deine Muskeln, die schwerer werden«, entgegnete Tim.

Gaby strich sich indes die verschwitzten Haare aus der Stirn. »Gleich bekommst du deine Pause, Klößchen. Da vorn ist nämlich die erste Schleuse.«

»Und danach dauert es nur noch eine halbe bis Dreiviertelstunde«, kalkulierte Karl.

An der Schleuse nahm das Wasserrauschen zu; die Kanugruppe musste lauter sprechen. Oskar bellte das Bauwerk drohend an.

Auch Klößchen wusste nicht so recht, was er von der Situation halten sollte. »Sieht irgendwie gefährlich aus, das Ding.« Mit dem Stechpaddel zeigte er auf die Schleuse. »Ich hab mal geträumt, dass ich in so was eingequetscht werde wie 'ne Sardine in 'ner Büchse.«

Karl legte seinem Freund beruhigend die Hand auf die Schulter. »Ach, das war nur ein Albtraum. Das hier ist echt.«

»Und ich wette, in deinem Traum war kein Kriminalkommissar dabei«, ahnte Gaby und deutete auf ihren Vater.

»Unser Emil wehrt verlässlich jede Gefahr ab«, schmunzelte Gabys Mutter und strich ihrem Mann über den Kopf.

»Jetzt überschätzt mich mal nicht. Ich bin ja kein Superheld oder so was. Und Schleusen sind ehrlich gesagt nicht mein Fachgebiet«, blieb der bescheiden. Als er Klößchens banges Gesicht sah, fügte er schnell hinzu: »Aber soweit ich weiß, sind Schleusen eine hilfreiche Sache.«

»Die können Hochwasser verhindern, oder?«, fragte seine Frau in die Runde.

Karl rückte seine Brille zurecht. »Oh ja, mit den Schleusen können Menschen die Wassermassen ein wenig lenken und sogar Überflutungen in den Griff bekommen. Aber was für uns Paddler am wichtigsten ist: Schleusen machen unwegsame Gewässer für Boote und Schiffe befahrbar. Das Wasser in den Kanälen hier ist ja unterschiedlich hoch und so eine Schleuse gleicht das aus.«

Klößchen ließ derweil das Paddel ruhen und rieb sich die Schläfen. »Ich versteh nur Bahnhof beziehungsweise Schleuse.«

»Die Kurzfassung ist: Du wirst nicht zerquetscht«, schaltete sich Gaby ein.

»Fehlt nur noch der Schleusenwart«, murmelte Karl.

»Was macht der denn?«, fragte Klößchen.

»Mit einem Schalter öffnet er das Schleusentor vor uns. Sobald wir alle in die Schleusenkammer reingepaddelt sind, schließt er das Tor wieder. Dann wird das Wasser abgelassen. Wir sinken nach unten, bis der Wasserstand dem des nächsten Kanalabschnitts entspricht. Diesen tiefer liegenden Abschnitt nennt man ›Unterwasser‹, im Gegensatz zum ›Oberwasser‹, in dem wir uns gerade befinden. Anschließend öffnet der Schleusenwart das vordere Tor und wir können lustig weiterfahren.«

Klößchen rutschte auf dem Sitz auf und ab. Dabei kratzte er sich am Kopf. »Er zieht also den Stöpsel wie in einer Badewanne?«

»So ähnlich!«, schmunzelte Frau Glockner.

In der Sekunde zuckten die Millionenstädter vor Überraschung zusammen.

Abzocke an der Schleuse

Ein schiefes Pfeifen ertönte vom Ufer. Anfangs sahen sie niemanden, dann bogen sich einige Weidenäste auseinander. Eine Gestalt trat aus der dichten Uferböschung: ein blond gelockter Jugendlicher mit einem Strohhut und einem Grinsen im Gesicht. Er steckte in einem ausgewaschenen mintgrünen Hawaiihemd. In der Hand hielt er einen etwa drei Meter langen Stock, an dessen Ende ein beigefarbener Stoffbeutel baumelte.

»Hejo! Ich bin Finn, bring euch auf die andere Seite hin«, erklärte er in einem eintönigen Singsang.

»Hejo! Und ich bin Tim, sitze hier im Kanu drin«, schallte es zurück.

Die anderen Kanufahrer hielten sich die Bäuche vor Lachen, Finn jedoch verdrehte die Augen. »Typisch Touristen! Halten sich für lustiger, als sie sind.«

»Hallo, hallo!«, klinkte sich Klößchen ein. »Man wird ja wohl auch als Tourist noch reimen dürfen, oder etwa nicht?«

Finn zog eine Grimasse. »Machen wir's kurz: Ihr Schlauberger müsst nur seitlich in das Betonbecken hier reinpaddeln. Und dann einfach nix tun und mich die Arbeit machen lassen!«

Der Jugendliche betätigte einen Schalter. Prompt öffnete sich mit einem mächtigen Klackern und Knirschen das erste Schleusentor. Nachdem sich die Paddler in der Kammer befanden, ließ er das Wasser ab. Wie in einer Badewanne sanken TKKG und die Glockners nach unten, bis sie zwischen hohen, mit schmierigen Algen bewachsenen Betonmauern feststeckten.

»Wow, das ist ja wie ein Gefängnis unter freiem Himmel!«, schauderte Klößchen.

Der Junge am Ufer trällerte unterdessen: »Ich schleuse euch hoch, ich schleuse euch runter – und gebt ihr kein Trinkgeld, dann geht ihr unter.«

»Wenn das ein Witz sein soll, war er nicht besonders lustig«, rief Gaby nach oben. Auch Tim machte ein saures Gesicht. Er wollte ebenfalls etwas zu Finn sagen, da schaltete sich der Kriminalkommissar heiter ein: »Ach Kinder, es ist einfach eine alte Tradition, dass der Schleusenwart ein freches Liedchen singt. Das sollte man nicht zu ernst nehmen.«

Das schien Finn aber anders zu sehen. Im nächsten Moment ließ er eine lange Holzstange mit einem Beutel zu ihnen hinab und wedelte damit vor ihren Gesichtern herum.

»Sag mal, kannst du deinen Wischmopp mal wegnehmen?«, sagte Klößchen genervt und wich der Stange aus.

Der junge Schleusenwart aber blieb beharrlich. »Macht schön den Geldbeutel auf, sonst schleus ich euch wieder rauf.«

»Geht man hier etwa so mit Besuchern um?«, erwiderte Tim und hob fassungslos die Hände in die Luft.

»Tja, so sind die Regeln: Keine Zahlung – keine Schleusung.« Finn zuckte mit den Achseln.

»Trinkgeld ist genau genommen keine verpflichtende Bezahlung«, wusste Karl.

»Man gibt es freiwillig, wenn der Service stimmt«, pflichtete Gaby ihm bei, während sie sich ein paar Mücken aus dem Gesicht wedelte.

»Kinder, Kinder«, versuchte Herr Glockner die Wogen zu glätten. »Wir lassen uns doch die Urlaubsstimmung nicht vermiesen. Wie sagt man so schön: Andere Gegend, andere Sitten.« Schon griff er in den wasserdichten Wertsachenbehälter, den sie an Bord des Kanus aufbewahrten. Kurz darauf steckte er eine Zwei-Euro-Münze in Finns Beutel.

»Von mir hätte der Kerl keinen einzigen Cent bekommen«, grollte Tim.

Finn zog die Stange hoch, starrte in den Beutel und

schüttelte ungläubig den Kopf. Erneut ließ er den Sammelbeutel fordernd hinunter. »Hängt noch 'ne Null dran und wir kommen ins Geschäft.«

Frau Glockner fiel die Kinnlade herunter. »20 Euro?! Um Himmels willen?!«

»So viel kosten drei Kinderpizzen in der *Trattoria da Enzo*«, rechnete Gabys Vater.

»Lasst ihn flattern, den Schein, es soll zu eurem Besten sein«, reimte Finn mit einem starren Grinsen.

Völlig entnervt schlug Tim mit dem Paddel ins Wasser. »Und zu *deinem Besten* wäre, du würdest uns jetzt endlich mal hier durchschleusen. Dein ›Trinkgeld‹ hast du schon!«

»Und wir würden außerdem gern vor Sonnenuntergang unsere Zelte aufschlagen«, ärgerte sich Gaby.

Finn aber schaltete auf Durchzug. Er ließ seinen Trinkgeldbeutel unbeeindruckt vor ihren Gesichtern auf und ab wippen.

Gabys Vater zog grübelnd die Stirn in Falten. Schließlich schnipste er einen weiteren Euro in den Beutel. »Für eine Extraportion Eis. Jetzt ist aber auch gut.«

»Hast du Wasser in den Ohren?« Für einen Moment entglitt Finn sein Grinsen. »*Zwanzig* hab ich gesagt! Und 'ne ›Extraportion Eis‹ interessiert höchstens meinen kleinen Bruder.«

Plötzlich änderte sich der Tonfall des Kriminalkommissars. »Okay, okay ... dann sag ich dir jetzt mal was, Jungchen: *Wucher ist strafbar!*«

»Ach, Emil, wir sind im Urlaub«, raunte seine Frau ihm ins Ohr. »Deine Dienstmarke ist schön brav zu Hause geblieben und dein Revier weit weg.«

»Strafbar?!«, wiederholt der Jugendliche unterdessen mit einem triumphierenden Glitzern in den Augen. »Na, dann versucht euch doch mal Hilfe zu holen – ohne Handyempfang.« Wieder zeigte er fordernd auf seinen Beutel: »Ihr habt jetzt genau drei Sekunden, dann geh ich zurück zu meiner Hütte.«

Gaby ballte die Faust hinterm Rücken. »Wir lassen uns nicht erpressen.«

»In dem Fall ...« Finn zuckte mit den Schultern und war im nächsten Moment zwischen den Weidenruten verschwunden. »Genießt die Aussicht!«, hörten sie ihn noch rufen, bevor er wieder sein schiefes Pfeifen anstimmte.

»Aussicht?!«, wiederholte Klößchen ungläubig und klopfte mit dem Paddel gegen die glatte, algenbewachsene Schleusenmauer, die sie zu beiden Seiten einschloss.

»Unter ›Aussicht‹ versteh ich auch was anderes«, rümpfte Karl die Nase.

Gaby stieß zischend Luft aus. »Was machen wir denn jetzt?«

»Normalerweise gibt es in jeder Schleuse eine Leiter als Notausstieg ...«, wusste Frau Glockner.

»Ich wette, dieser fiese Abzocker hat sie abgeschraubt«, empörte sich Tim und stand kurz darauf aufrecht im Kanu. Während Gaby ihn stützte, tastete er mit seinen Händen die Mauer ab. »Man muss hier doch irgendwie hochkommen ...« Die Mauer war allerdings zu hoch und obendrein auch noch zu glitschig, um sicheren Tritt zu finden.

Margot Glockner holte ihr Handy aus dem Wertsachenbehälter und tippte auf dem Gerät herum. Ihre Miene verfinsterte sich. »Dieser Finn hat leider recht. Kein einziger Empfangsbalken.«

»In unserer Situation hilft wohl nur eines«, kündigte Gaby an.

»Ein Würfelspiel?«, versuchte Klößchen Gabys Gedanken zu lesen und griff bereits nach seinem Rucksack.

Gaby schüttelte den Kopf und Klößchen gab seinen zweiten Tipp ab: »*Vier gewinnt?* Das hätte ich rein zufällig auch dabei.«

»Ich meinte eher«, wandte Gaby ein, »LAUT RUFEN ...«

»Haaaallo! Haaaaallo!?? Ist hier jemand? Wir brauchen Hilfe!!«

Doch ihre Rufe verhallten im Wald, ohne dass etwas passierte. TKKG, die Glockners und Oskar blieben eingeschlossen.

Detektive im Wartemodus

Fünfzehn Minuten später saßen sie immer noch in der Schleuse fest. Inzwischen bekamen sie Besuch von einer Libelle, die metallgrün schimmerte. Sie trieb den ohnehin unruhigen Oskar förmlich in den Wahnsinn. Gaby hatte Mühe, ihren Spaniel festzuhalten. »Oskarchen, bleib!«

Das Kanu begann zu schwanken. »Echt kein guter Ort für Libellenjagd«, bemerkte Tim trocken.

»Und auch echt kein guter Ort für Würfelspiele«, fand Klößchen. Bedröppelt blickte er ins Wasser, in das ihm kurz zuvor ein Würfel gefallen war. »Wobei ... wer weiß?« Er kratzte sich an den Augenbrauen. »Vielleicht bringt das Glück. Wie findet ihr das:

Fällt dir ein Würfel ins Schleusenbecken, brauchst du dich nach dem Glück nicht mehr zu strecken.«

»Bitte keine Reime mehr!« Tim senkte stöhnend den Kopf.

In dem Moment ertönte vom Waldrand her ein schiefes Pfeifen. Schon war die vertraute Singsangstimme wieder zu hören: »Euer Schleuser ist zurück – und will euch sagen: Nutzt das Glück!«

Oskar knurrte, während Finn seinen Beutel erneut vor ihren Nasen herumwandern ließ. Gaby boxte gegen die Stange und brachte Finn dadurch leicht ins Schwanken.

»Lass gut sein, Gaby«, schaltete sich ihre Mutter ein. »Wir kürzen die Sache ab.« Mit eiserner Miene stopfte sie einen Zwanzigeuroschein in den Beutel und warf Finn einen eiskalten Blick zu. »Und jetzt wollen wir endlich weiter.«

»Ha, wer sagt's denn ...?«, lachte der siegessicher. »Jetzt fehlt nur noch ein Zehner.«

»Noch mal zehn Euro?! Heilige Fensterlaus!«, schnappte Klößchen hörbar nach Luft.

Karl schlug sich fassungslos mit der Hand an die Stirn. »Warum denn auf einmal dreißig Euro?!«

»Ist doch klar: wegen der Unannehmlichkeiten«, erklärte Finn süffisant.

»Ha«, entfuhr es Tim mit wutfunkelnden Augen. »Die Unannehmlichkeiten hatten ja wohl *wir!*«

Frau Glockner griff mit zusammengepressten Lippen erneut in ihr Portemonnaie und steckte schließlich einen Zehneuroschein in Finns Beutel.

»Mama – nicht!«, beschwor Gaby sie.

»Wir kriegen jeden einzelnen Schein wieder, glaubt mir«, flüsterte Gabys Mutter ihnen augenzwinkernd zu.

»Na, hoffentlich hast du recht, Margot.« Herr Glockner strich sich über seinen Kinnbart.

Mit einem zufriedenen Nicken besah sich Finn unterdessen den Beutelinhalt und betätigte den Schalter. Mit einem ohrenbetäubenden Knirschen öffnete sich das rostige Schleusentor.

»Der Klang der Freiheit!«, seufzte Klößchen erleichtert, als er mit Karl aus dem Schleusenbecken paddelte. Doch Tim war noch längst nicht versöhnt: »So leicht kommt uns dieser Abzocker nicht davon«, ereiferte er sich. »Ich würde sagen, wir fahren gleich links ran und holen uns das Geld zurück!«

»Der Kerl ist doch längst weg«, meinte Gaby mit einem Seitenblick zum Wald. Tatsächlich war von Finn außer ein paar schwankenden Weidenruten nichts mehr zu sehen.

»Der versteckt sich bestimmt in seiner Hütte«, nickte Karl. »Ihm nachzujagen ist reinste Zeitverschwendung.«

»Und außerdem sind wir im Urlaub – und was reimt sich auf ›Urlaub‹?«, versuchte der Kriminalkommissar das Thema zu wechseln.

»Schleusenraub?«, meinte Klößchen aufs Geratewohl.

»Nein, auf Urlaub reimt sich Urlaubsstimmung!«, erklärte Herr Glockner den verdutzten Mitpaddlern.

»Du weißt schon, was ein Reim ist, oder, Papi?« Gaby bekam einen Lachanfall.

»Die Schule liegt bei ihm lange zurück«, scherzte ihre Mutter. »Und was das Geld anbetrifft …«, wurde sie wieder ernst. »Wir klären die Sache einfach mit Frau Mehring. Wir haben ja ihre Telefonnummer.« Schon nahm sie das Paddel zur Hand. »Und jetzt auf zum Kleinen Schmüggelsee!«

»Wie weit ist es denn noch?«, quengelte Klößchen. »Ich hab schon 'nen Tennisarm vom Paddeln.«

Karl vertiefte sich in die Karte und fuhr dabei langsam mit dem Zeigefinger über das laminierte Papier. »Bis zur Mündung des Unterkanals ist es nicht mehr weit. Und da beginnt auch schon der Kleine Schmüggelsee.«

»Und dort befindet sich gleich die Insel, auf der wir unsere Zelte aufschlagen«, warf Frau Glockner ein.

Klößchen verzog das Gesicht. »Na, hoffentlich müssen wir an keiner Schleuse mehr vorbei.«

Das verflixte Wurfzelt

Ohne weitere Unterbrechungen erreichte die Paddeltruppe wenig später die Insel. Dort zogen sie die Kanus ans sandige Ufer und stapften mit ihren Rucksäcken einen Hügel hinauf. Karl ging ein Stück voraus und orientierte sich via Kompass und Karte. »Direkt vor uns müsste der markierte Zeltbereich sein.«

Die Gruppe erreichte eine krautige Wiese mit allerlei Farbtupfern. Die Abendsonne tauchte alles in

feuriges Licht. Grillen zirpten. Die ersten Fledermäuse zogen ihre Kreise zwischen den Kiefern. Auch ein paar Libellen und Schmetterlinge sausten durch die Abendluft. Oskar begann ihnen prompt hinterherzujagen, brach die Aktion jedoch bald ab und schaltete in den Schnüffelmodus. Während er durchs Unterholz dackelte, schreckte er so manchen Moorfrosch auf.

Gabys Eltern hatten sich unterdessen einen Platz für ihr Zelt ausgeguckt und klaubten Äste und Steine vom Boden auf. TKKG hatten zwanzig Meter weiter eine windgeschützte Stelle gefunden und diese ebenfalls gesäubert. Nun standen sie um das nigel-

nagelneue und noch verpackte Wurfzelt herum. Klößchen hatte es von seinen Eltern geschenkt bekommen.

»Ach, ich kann's kaum erwarten, mich da drin auszustrecken«, grinste er wie ein kleiner Junge.

»Aber bitte nicht *zu* sehr ausstrecken«, schränkte Karl ein.

»Deine Detektivkollegen würden auch gern ein paar Zentimeter abhaben«, meinte Gaby halb ernst.

»Ha, euer Klößchen ist großzügig: Jeder kriegt drei Zentimeter ab.« Er blickte in die großen Augen seiner Freunde und schlug sich aufs Knie vor Lachen. »SPASS!«

Tim schmunzelte müde. »Ach, übrigens ... vielleicht kannst du heute Nacht in die andere Richtung schnarchen, also nicht unbedingt in *mein* Ohr? Die *Ehre* hab ich im Internat ja täglich.«

Klößchen blickte seinen Zimmernachbarn schelmisch an. »Pah! ›Schnarchen ist die höchste Kunst des Schlafenden‹, sagt mein Opa immer«.

»Für den Notfall hätte ich Ohrenstöpsel für alle im Angebot«, dachte Karl wie so oft laut in Lösungen.

»Problem erkannt – Problem gebannt.« Klößchen

rieb sich die Hände. Dann lenkte er die Aufmerksamkeit wieder auf das Geschenk seiner Eltern: »Und nun danken wir dem Menschen, der das Wurfzelt erfunden hat«, rief er feierlich. »Nie wieder nerviges Gefummel mit Zeltstangen und komplizierten Innen- und Außenzeltplanen.«

»Darf ich werfen?«, bat Tim. »Ich wollte das schon immer mal machen.« Klößchen übergab ihm nickend das zusammengefaltete Zelt. Prompt vollführte Tim ein paar geheimnisvoll beschwörende Gesten.

»Applaus für den Zeltwurfmagier Timotheus«, kommentierte Gaby ironisch und schüttelte sich beiläufig einen Käfer aus dem Haar.

Nachdem ›Timotheus‹ eine unverständliche Zauberformel gemurmelt hatte, schleuderte er das zusammengeschnürte Zelt hoch in die Luft. Wie eine zu groß geratene Frisbeescheibe sauste es zu Boden. Der Faltmechanismus wurde jedoch nicht ausgelöst. Tim ließ die Schultern sinken. »Hm ... ich glaube, den Trick muss ich noch mal in Ruhe üben.«

Im Nu hatte sich Klößchen das Wurfzelt geschnappt. »Ist doch keine große Sache! Man muss es einfach nur höher werfen, dann klappt's!« Mit einer spektakulären Umdrehung schleuderte er es in die Höhe, blickte kurz darauf jedoch drein wie ein Huhn im Hagelsturm.

»Tja, so kann nicht mal eine Maus drin schlafen.« Gaby zuckte lächelnd mit den Achseln.

»An der Wurfhöhe lag es also wohl nicht«, kommentierte Klößchen sein Scheitern.

Nun war Karl an der Reihe. »Ich schätze, man muss das Zelt einfach mit dieser Seite hier auf den Boden werfen, und zwar mit ordentlich Wumms.« Doch auch Karls Wurftechnik war erfolglos. Enttäuscht putzte er seine Nickelbrille.

»Zeit für Mädchenpower!«, schmunzelte Gaby, während sie das immer noch zusammengefaltete Zelt in Augenschein nahm. Plötzlich bekam sie eine heftige Lachattacke. Es dauerte, bis sie wieder ein verständliches Wort herausbrachte. »Wie wär's, wenn wir erst mal diese Leine hier lösen würden?«

»Leine?!«, wiederholte Klößchen und blies die Backen auf.

»Heißt das, die Zeltplane war die ganze Zeit zugeschnürt?«, war Tim baff. Gaby nickte trocken und warf das Zelt elegant in die Luft. Nachdem es zu Bo-

den gesegelt war, brachte es sich nun endlich automatisch in die richtige Form.

Klößchen kratzte sich an der Schläfe. »Ach, was würden wir nur ohne dich machen, Gaby?«

»Na, im Freien bei den Mücken schlafen, was sonst!«, feixte sie.

Schließlich begannen die vier, die Spannleinen mit Heringen im Waldboden zu befestigen. Und dann war es endlich so weit: Sie konnten ihre Isomatten, Schlaf- und Rucksäcke ins Zelt schieben. Klößchen streckte sich testweise aus.

»Ich glaube, ich träume heut von der Schleuse und fiesen Gestalten, die einen ausrauben. Also nicht wundern, wenn ich im Schlaf um mich boxe.«

Tim verzog verächtlich die Mundwinkel. »Dieser

Finn ...«, spuckte er aus. »Mit seiner Abzockeraktion kommt er nicht davon.«

»Eigentlich sollte *er* heute schlechte Träume haben«, meinte Gaby mit einer Zornesfalte auf der Stirn.

Karl strich sich nachdenklich über den Bügel seiner Brille. »*Hütte* ... stimmt«, murmelte er vor sich hin. »Er hat wörtlich gesagt, dass wir nur ein paar Sekunden Zeit hätten, sonst würde er zurück in seine Hütte gehen«, erinnerte er sich. »Aber, ob er wohl wirklich in so einer wohnt und schläft?«

»Vielleicht versteckt er da nur die Kohle ...«, fiel Klößchen ein.

»Wenn wir wenigstens wüssten, *welche* Hütte er gemeint hat«, überlegte Tim laut. »Dann könnten wir ihm einen Besuch abstatten.«

»Na, ich weiß nicht, ob er uns die Scheine einfach so zurückgibt«, zweifelte Klößchen mit geschlossenen Augen.

»Aber vielleicht erledigt sich das Problem von allein«, grübelte Karl und sah Gaby an. »Deine Eltern wollten ja mit Frau Mehring telefonieren.«

Klößchen nickte. »Die scheint hier in der Gegend immerhin gut vernetzt zu sein.«

In dem Moment kam Oskar zu ihnen gesprintet. Er hatte Gabys Eltern offenbar einen Zelthering weggeschnappt.

»Aus!«, rief Herr Glockner, der Oskar einzuholen versuchte.

»Sofort *aus!*«, echote seine Frau.

Da schaltete sich Tim ein. Er lockte den Spaniel mit einem Leckerli und nahm ihm im Gegenzug das Diebesgut ab.

»Tim, du bist der reinste Hundedompteur!«, lobte Margot Glockner ihn.

Gaby umarmte ihre Mutter. »Gerade haben wir von euch beiden gesprochen. Konntet ihr Frau Mehring schon erreichen?«

Herr Glockner klopfte seiner Frau auf die Schultern. »Konnten wir, und zwar dank deiner heldenhaften Mutter. Sie ist ein paar Meter hoch auf eine Buche geklettert.«

Gabys Mutter grinste von einem Ohr zum anderen. »Es war wie ein kleines Wunder. Ganz plötzlich hatte ich Handyempfang. Allerdings muss ich sagen, dass ich schon mal bequemer telefoniert habe. Emil hat sich jedenfalls köstlich amüsiert.«

»Jetzt spann uns nicht auf die Folter«, drängelte ihre Tochter. »Was hat Frau Mehring gesagt?«

»Ihr ist die Sache mit dem Schleusenjungen natürlich sehr peinlich. Sie will später bei uns vorbeischauen und sich mit uns beratschlagen.«

»Ach, das muss sie nicht ...«, winkte Klößchen ab. »Vielleicht finden wir diesen Finn auch so und regeln die Sach–«

Da stockte Klößchen. Der Kriminalkommissar warf ihm einen misstrauischen Blick zu.

»Ich meine natürlich, falls wir diesen Jungen *rein zufällig* treffen«, ruderte Klößchen zurück. »Die Welt ist ja klein und der Oberwald ist ja kleiner als die Welt und auch kleiner als Wälder, die größer sind als er. Wie heißt dieser eine Wald in den USA noch mal?«, fuhr er fort, ohne Luft zu holen. »Egal! Auf jeden Fall ist dieser Wald hier kleiner als viele größere Wälder auf diesem Planeten«, schloss er.

Gabys Mutter war kurz davor, laut loszulachen. »Ein kleiner Wald ist also kleiner als ein großer Wald?«

»Ich bin mir auch nicht so sicher, ob ich weiß, was du meinst, Klößchen.« Herr Glockner kraulte grübelnd seinen Kinnbart. »Allerdings kam es mir für einen Moment so vor, als wolltet ihr vier auf eigene Faust ›ermitteln‹.«

»Nein, nein«, beeilte sich Gaby die Sache runterzuspielen. Und auch ihre Detektivfreunde machten Engelsgesichter.

»Auf jeden Fall ruhen wir uns jetzt erst mal aus von den Reisestrapazen«, ächzte Frau Glockner und blickte zur schräg stehenden Abendsonne, in der die Mücken tanzten. »Wir können ja in circa einer Stunde zum kulinarischen Teil des Abends übergehen.«

Tims Augen glitzerten. »Würstchen grillen!«

»Und bis dahin können wir ja Finns Hütte suchen«, zischte Klößchen seinen Freunden zu.

»Was hast du da genuschelt?«, war Gabys Vater neugierig.

»Ähm ... ich meinte nur: Ausruhen ist meine Königsdisziplin«, erklärte Klößchen laut. »›Ausruhen ist sogar spannender als jedes Abenteuer‹, sagt mein Opa, und Opa hat immer recht.«

»Das ergibt überhaupt keinen Sinn«, flüsterte Gaby.

»Sag besser nix mehr, Klößchen«, zischelte Tim.

»Sorry, das mach ich immer, wenn ich aufgeregt bin«, entschuldigte sich sein Freund im Flüsterton.

»Ich glaube, ich mache ein Nickerchen«, gähnte Herr Glockner und blickte schmunzelnd zu Oskar, der erschöpft im Gras kauerte. »Und habe dabei gute Gesellschaft.«

Tim stand auf und zwinkerte seinen Freunden zu. »Und wir vier sehen uns mal ein wenig auf der Insel um.«

Wenige Minuten später saßen TKKG nebeneinander auf einem der umgedrehten Kanus am Ufer. Dort beugten sie sich über die Karte des Oberwalds.

»Hm ... soo wahnsinnig viele Hütten gibt es im Umkreis gar nicht«, stellte Karl fest.

Tim zeigte auf ein Hüttensymbol. »In der Nähe der Schleuse gibt es eigentlich nur diese eine.«

»Und die liegt fast direkt am Wasser. Praktisch eigentlich«, fand Gaby. »Da können wir gleich anlegen.«

So leise wie möglich bestiegen sie die Kanus, legten behutsam ab und paddelten in Richtung Hütte.

Schleusenjunge gesucht

Die Sonne schickte gerade ihre letzten wärmenden Strahlen zwischen den Wipfeln hindurch, während die paddelnden Detektive einen Tunnel aus Flussweiden durchquerten.

Karl kontrollierte mit Kompass und Karte ihren Standort. »Eigentlich müssten wir gleich bei der Hütte sein«, informierte er die anderen.

»Guckt mal! Da vorn ist ein Steg«, freute sich Gaby.

»Wir sollten ab hier besonders leise sein«, meinte Tim nun im Flüsterton. »Wer auch immer in der Hütte ist, muss nicht erfahren, dass wir kommen.«

Achtsam tauchten die Detektive noch einmal ihre Paddel ins Wasser. Die letzten paar Meter ließen sie sich fast lautlos an den Steg treiben. Kaum hatten sie die Kanus festgemacht, sahen sie sich um. Unweit des Stegs wucherte ein dichter Schilfgürtel. Vereinzelt waren das Quaken und Schnattern von Wasservögeln zu hören. Ein schmaler, fast überwachsener

Pfad wand sich zwischen den Schilfhalmen hindurch. Während Tim, Gaby und Karl schon vorausstapften, trat Klößchen unruhig von einem Fuß auf den anderen. »Seid ihr euch sicher, dass die ganze Aktion so eine gute Idee ist?«, zischelte er seinen Freunden zu.

»Warum sollte es *keine* gute Idee sein?«, hielt Karl dagegen.

Klößchen begann an seinen Fingernägeln zu knabbern. »Ich meine nur ... Was ist, wenn es ein Hexenhaus ist oder so was?«

Gaby wuschelte Klößchen übers Haar. »Ach Quatsch! Hexenhäuser gibt es nur in Märchen.«

»Weiß ich ja eigentlich auch«, räumte Klößchen ein. »Aber irgendwie ist es doch ganz schön verspukt hier gerade.«

»Klößchen, wir werfen nur einen kurzen Blick auf die Hütte. Alles harmlos«, versuchte Tim seinen Freund zu beruhigen. »Vielleicht liegen wir auch falsch und Finn ist hier nicht.«

»Vielleicht ist es auch eine der vielen Anglerhütten, die es hier gibt«, schaltete sich Karl ein. »Es lagen immerhin ein paar alte Angelhaken am Steg.«

Gaby strich sich nachdenklich übers Haar. »Ehrlich gesagt kann ich mir nicht vorstellen, dass Finn der Typ fürs Angeln ist.«

»Auf jeden Fall ist es nicht so leicht, von Fischen Trinkgeld zu bekommen«, kommentierte Tim trocken. Die anderen hatten Mühe, sich das Lachen zu verkneifen.

»Okay, ich komme mit«, überwand Klößchen sich schließlich. »*Aber* ich bilde gern die Nachhut.« Schon schlich er hinter seinen Freunden her. Gaby ging voran und flüsterte kurz darauf: »Ich seh die Hütte schon.«

Bald standen alle vier Detektive vor dem ziemlich baufälligen Verschlag.

Karl nestelte an seinem Pulloverkragen. »Hm ... wem auch immer das Häuschen gehört ... der Besitzer oder die Besitzerin scheint wenig Lust auf Renovierung zu haben.«

»Sein üppiges Trinkgeld scheint Finn auf jeden Fall nicht in die Hütte zu investieren«, mutmaßte Klößchen.

Das Dach hatte Löcher und ein paar heruntergefallene Ziegel hatten bereits Moos angesetzt. Sie sahen eine Maus, die durch eine undichte Stelle in der Fassade kroch. Im Inneren brannte kein Licht. Kein Laut drang nach außen.

»Scheint niemand hier zu sein«, stellte Tim fest.

»Guckt mal, was da an der Bank lehnt«, bemerkte Gaby.

Karl machte prompt ein Beweisfoto. »Sieht aus wie die nervige Trinkgeldstange.« Er untersuchte den Fund. Doch wie erwartet befand sich kein Geldschein mehr in dem Beutel.

Währenddessen versuchte Tim, durch das verschmierte Fenster ins Innere der Hütte zu blicken. »Sieht wirklich nicht so aus, als wäre jemand da.«

Klößchen hielt eine Zeitung hoch, die er unter einem morschen Sessel auf der Veranda gefunden hatte. »Interessant! Da hat jemand den *Oberwald-Kurier* abonniert. Auf dem Aufkleber steht, der Abonnent ist ein gewisser Oliver Lautenschlag.«

»Ob das womöglich Finns Vater ist?«, überlegte Karl laut und zuckte im nächsten Moment zusammen. Eine Fledermaus war haarscharf an seinem linken Ohrläppchen vorbeigesegelt.

Klößchen bekam einen größeren Schreck als Karl. »Na hoffentlich war das keine Vampirfledermaus oder so was. Nicht, dass du heute Nacht im Zelt noch mutierst.«

»Habe ich eigentlich nicht vor«, kam es trocken zurück.

»Gaby kann uns sicher sagen, welche harmlose Fledermaus das war«, warf Tim grinsend ein. Dann stockte ihm plötzlich der Atem. »Äh?! Wo ist sie überhaupt?«

Klößchen hatte eine böse Vorahnung. »Au Backe! So fangen gruselige Geschichten an, und zwar *seeeehr* gruselige Geschichten.«

»Von wegen«, kicherte Gaby, die im selben Moment wieder an der Vorderseite der Hütte erschien. »Ich bin nur einmal um das Häuschen rumgestiefelt und hab diese Stiefel gefunden.« Sie präsentierte ein

Paar senfgelber, abgetragener Gummistiefel. »Ich frag mich, ob die Finn gehören könnten.«

»Ich mach auf jeden Fall mal ein Foto.« Schon lichtete Karl den Fund ab und schoss ein zusätzliches Foto vom Profil der Stiefel.

Plötzlich kam ein Rascheln vom Schilfpfad. Bevor TKKG in Deckung gehen konnten, trat ein großer, glatzköpfiger Mann zwischen den Halmen heraus. Er trug eine dunkelgrüne Anglerhose aus Neoprenstoff. Darunter lugte ein weinrotes kariertes Holzfällerhemd heraus. In der einen Hand hielt er einen Eimer, in der anderen eine Angelrute.

Mit tief gefurchter Stirn begutachtete er die Detektive.

»Was wollt ihr kleinen Strauchdiebe denn hier?«, brummte er mit harter Miene.

»Wir wollten gerade gehen«, beeilte sich Klößchen zu erklären.

»Wir haben nix gemacht, Herr Lautenschlag«, hob Karl die Hände. »Der sind Sie doch?«

»Kann sein, aber das tut nicht viel zur Sache«, murrte ihr Gegenüber. »In letzter Zeit sind mir hier einige Dinge abhandengekommen. Wisst ihr rein zufällig was davon?«

Die Detektive schüttelten die Köpfe. »Wir wussten ja nicht mal, dass hier jemand wohnt«, erklärte Gaby.

»*Uns* wurde Geld gestohlen«, schob Tim rasch hinterher. »Deshalb sind wir hier.«

»Aha ...«, grummelte der Mann. »Und jetzt wollt ihr euch bei *mir* bedienen, um *euren* Schaden wiedergutzumachen?«

»Sehen wir vielleicht aus wie Einbrecher?«, blaffte Gaby zurück.

»Ha! Du darfst noch so manche Lektion lernen. Dieben sieht man nämlich nur selten an, dass sie Diebe sind«, antwortete Herr Lautenschlag grimmig, stellte seine Angel behutsam an die Wand der Hütte und warf den leeren Eimer schwungvoll in ein völlig verwildertes Gemüsebeet.

»Ein Junge hat uns an der Schleuse übel übers Ohr gehauen«, schaltete sich Klößchen ein und zeigte auf die »Trinkgeldstange«.

»Und wir vermuten, dass er sich hier an dieser Hütte rumtreibt ... oder zumindest rumgetrieben *hat*«, übernahm Karl.

»Wir wollten uns nur zurückholen, was uns gehört«, erklärte Gaby.

Ein Lächeln huschte über Lautenschlags finsteres Gesicht. »Lasst mich raten: Dieser Junge hatte blonde Locken?«

Gaby nickte schnell. »Sie kennen ihn?«

»Ist aus der Gegend. Das Schlitzohr hat mir letzte Woche zwei Karpfen geklaut und sich auch schon mal mein Ruderboot ›geliehen‹ – ohne zu fragen natürlich! Findiger Bursche«, meinte der Angler fast anerkennend.

»Also, findig klingt irgendwie zu nett«, erwiderte Karl.

Tim nickte düster. »Ich finde, *windiger* Bursche trifft es eher.«

»Oder *skrupellos*«, meinte Gaby mit flammendem Blick. »Wenn er so weitermacht, steht er in ein paar

Jahren auf einer Fahndungsliste. Die kriminelle Energie hat er jedenfalls schon!«

»Kriminell?!«, wiederholte der Angler mit hochgezogenen Augenbrauen. »Also, wenn ihr mich fragt, ist ›kriminell‹ Auslegungssache. Am Ende tut doch jeder einfach das, was er für richtig hält.«

Die Detektive sahen einander verblüfft an.

»Na, dieser Finn hält es offenbar für richtig, Fische von Ihnen zu stehlen. Das finden Sie doch sicher nicht toll ...«, konterte Gaby.

Karl rückte seine leicht verrutschte Nickelbrille zurecht. »Und was kriminell ist, ist eigentlich ziemlich klar. Es steht schwarz auf weiß im Gesetzbuch.«

»Es gibt Recht und Unrecht, eigentlich ganz simpel«, pflichtete Tim ihm bei.

Der Mann strich sich abfällig grinsend über seine Glatze. »Da müsst ihr aber noch viel lernen. Das Leben steckt voller Ungerechtigkeiten.«

Gaby runzelte die Stirn. Sie wollte schon etwas erwidern, da grätschte Klößchen dazwischen: »Öhm, also ich glaube, die Diskussion führt nirgendwohin.« Er wühlte in seiner Tasche. »In solchen Situationen hilft nur eines ...« Schon krähte er: *»Jemand ein Stück*

Schokolade?« Dabei zauberte er aus der Jackentasche eine Tafel Toffee-Joghurt-Crisp. Natürlich stammte sie aus der Sauerlich-Schokoladenfabrik seines Vaters.

Der Angler streckte gierig seine Hand nach der Tafel aus. »Beim Thema Schokolade sind wir uns immerhin einig. Eine der besten Erfindungen. Also immer schön her mit der Nascherei!«

Klößchen brach eine Rippe ab und reichte sie dem Angler. Der aber nahm ihm kurzerhand die ganze Tafel aus der Hand. »Na, mal nicht so knauserig, der junge Herr«, spielte sich Lautenschlag auf. Im nächsten Moment brach er sich ungefragt zwei weitere Rippen ab und drückte dem sprachlosen Klößchen den Rest wieder in die Hand. »Jetzt seh ich's erst: *Sauerlich!*«, entfuhr es dem Angler plötzlich. »Meine Lieblingsschokolade! Man darf beim Essen nur nicht dran denken, dass dieser Kerl Millionär ist. Ziemlich ungerecht, wie das Geld auf diesem Planeten verteilt ist.«

»Dieser Kerl ist mein Vater«, meinte Klößchen schulterzuckend.

»Nicht dein Ernst!« Lautenschlag klappte die Kinnlade herunter.

Gaby stieß ein ärgerliches Schnauben aus. »Vielleicht glauben Sie uns jetzt, dass wir keine Diebesbande sind.«

»Meinetwegen seid ihr alle verwöhnte reiche Millionärskinder. Ist mir egal. Ich hatte 'nen anstrengenden Tag. Mir fällt das Glück nämlich nicht so einfach in den Schoß wie euch. Und jetzt will ich meine Ruhe. Den Rest der Schokolade könnt ihr ruhig dalassen – der Gerechtigkeit wegen.«

»Boah! Das ist doch schon die nächste Erpressung«, empörte sich Gaby.

Klößchen steckte demonstrativ den Rest der Tafel ein. »Da mach ich nicht mit.«

Kopfschüttelnd stapften TKKG zurück zum Steg. Sie hörten den launenhaften Angler noch rufen: »Dann macht euch vom Acker mit *eurer* Millionärsschokolade, verzogene Geizhälse!«

Inzwischen war ein kühler Abendwind aufgekommen. Während TKKG zur Insel zurückpaddelten, freuten sie sich schon auf das wärmende Lagerfeuer.

Ein Kommissar im Oberwald

Als der Vollmond bereits am Himmel stand, mampften die vier mit Gabys Eltern Bratwürste und Stockbrot und starrten in die knisternden Flammen. Da hörten sie aus der Ferne das elektrische Surren eines Bootsmotors. Wie angekündigt kam Frau Mehring zu Besuch. Gleich nach ihrer Ankunft entschuldigte sie sich ausführlich für das Ärgernis an der Schleuse.

»Ich bin froh, dass ihr trotz dieser Sache alle hier so entspannt sitzt. Ich verspreche euch, ich werde alles unternehmen, damit die Dinge wieder ins Lot kommen.«

Herr Glockner wischte sich den Mund mit einer Serviette ab. »Ich bin von Berufs wegen täglich mit Verbrechen konfrontiert. Das verdirbt mir nicht die Laune.«

Frau Mehring stockte sichtlich der Atem. »Sie sind ... bei der Polizei?! Wirklich?«

»Oh ja!«, lächelte Gaby stolz und klopfte ihrem Vater auf die Schulter. »Papi ist Kriminalkommissar!«

Das Lächeln der Kanuverleiherin gefror. »Und heißt das«, brachte sie zögerlich hervor, »Sie werden den Vorfall zur Anzeige bringen?«

»Nein, nein«, wiegelte Emil Glockner entspannt ab und tunkte sein Stockbrot in den Kräuterquark.

»Die Sache ist ärgerlich, aber kein Weltuntergang«, pflichtete ihm seine Frau bei und nahm die fertig gebratene Grillwurst von ihrem Stock.

»Puh! Das ist eine Erleichterung für die Kanuverleih und Naturerlebnis GmbH«, platzte es aus ihrer

Besucherin heraus. »Wir wollen ja, dass Touristen die Schönheit unserer Natur sorgenfrei genießen können. Niemand soll um sein Geld und Wohlergehen fürchten müssen.« Mit einem dankenden Nicken nahm sie von Frau Glockner eine Bratwurst entgegen.

Karl brannte eine Frage auf der Zunge. »Apropos Geld: Wie viel Trinkgeld gibt man an der Schleuse hier eigentlich?«

»Üblich ist ein Euro, höchstens zwei«, meinte Frau Mehring leicht schmatzend und tunkte ihre Bratwurst in den Senf, bevor sie erneut davon abbiss. »Damit bessern sich die Kinder aus der Gegend ihr Taschengeld ein wenig auf.«

»Wir sind zufällig jemandem begegnet, der Finn kennt«, kam es Gaby in den Sinn. Sie schnitt sich ein Brötchen auf. »Er meinte, dass Finn sich gelegentlich ungefragt sein Ruderboot schnappt und sogar Karpfen klaut.«

»Ein fieser Karpfenklauer!«, warf Klößchen empört ein.

Im Feuerschein sahen sie, wie Frau Mehring die Augen aufriss. »Lasst mich raten: Dieser Jemand war ein großer Kerl mit Glatze.«

TKKG nickten.

Klößchen nestelte grübelnd an seinem Hemdkragen herum. »Sein Nachname war irgendwas, das wie Paukenschlag klang ...«

»Oliver Lautenschlag«, korrigierte Frau Mehring. Während sie den Namen aussprach, sah sie aus, als hätte sie in eine verschimmelte Zitrone gebissen. »Der nimmt es bei seiner Angelei mit den Gesetzen übrigens auch nicht so ernst. Nachtfischen zum Beispiel ist bei uns strengstens verboten. So stellen wir hier sicher, dass alle Tiere ihre Nachtruhe bekommen. Außerdem ist im Sommer Schonzeit für die Barben. Das hält Lautenschlag nicht davon ab, sie in großer Zahl aus dem Wasser zu ziehen.«

Herr Glockner stieß einen Pfiff aus. »Sehr interessant. Ein Angler, der sich nicht an die einfachsten Anglerregeln hält.«

»Eigentlich ein Fall für die Polizei ...«, dachte Klößchen laut.

»Oh ja, das ist es«, stimmte Frau Mehring sofort zu. »Die weiß inzwischen auch Bescheid. Mal sehen, wann die endlich mal was unternehmen.«

Da fiel Klößchen etwas ein. Prompt zog er die Stirn

in Falten. »Bei meiner Schokolade hatte er auch kein Unrechtsbewusstsein. Dabei war es meine einzige Tafel Toffee-Joghurt-Crisp.«

»Die Fische tun mir ehrlich gesagt mehr leid als deine Schokolade.« Gaby stemmte die Arme in die Seite.

»Meine Schokolade braucht auch Schonzeit«, protestierte Klößchen.

»Autsch!«, rief Tim aus und sprang in die Luft. »Meine Backe bekommt jedenfalls gerade *keine* Schonzeit. Das war heute schon der dritte Mückenvolltreffer. Der Schmüggelsee sollte eigentlich Mückensee heißen!«

»Ha, da ist was dran«, kicherte Frau Mehring. »Und wer weiß ... vielleicht kann ich euch dann doch noch für das Wildnis-Resort begeistern, das hier im nächsten Jahr entstehen soll. Fenster mit Mückengitter sind ein nicht zu verachtender Komfort.«

»Eigentlich ist gerade das Tolle am Zelten, dass es keinen Luxus gibt«, widersprach Gaby. »Man hört jedes einzelne Tiergeräusch in der Nacht und jeden raschelnden Ast.«

»Und Klößchens Schnarchen ...«, feixte Tim.

»Ich nenne es Schnarch*oper*«, verbesserte Klößchen. »Es ist somit ein wichtiges Kulturgut.«

Gaby grinste übers ganze Gesicht. »Klößchen ... unser Dichter und Denker«, flötete sie. »Zumindest im Traum.«

Klößchen gähnte lautstark. »Darüber muss ich nachdenken – und zwar, während ich tief und fest schlafe. Gute Nacht!«

Taschendieb in der Nacht

Es war zwei Stunden nach Mitternacht. Der Vollmond wurde immer wieder von Wolken verdunkelt. Die Temperaturen waren stark gesunken. Dick eingemummelt lagen die Detektive in ihren Schlafsäcken. Da riss der plötzliche Ruf eines Kauzes Tim aus seinen unruhigen Träumen. Verschlafen blickte er sich um, doch er entdeckte nichts. Gerade wollte er seine Augen wieder schließen, da bemerkte er ein anderes Geräusch. Ein leises Plätschern kam vom Ufer des Sees. Anfangs hielt Tim es für einen Biber. Doch dann hörte er Schrittgeräusche im Gras. Sie kamen näher.

»Da draußen ist was!«, weckte er seine Freunde, die prompt in ihren Schlafsäcken hochschreckten.

»*Was...was...was* denn?«, stammelte Karl aufgeregt, während er hektisch nach seiner Brille tastete.

»Ein Biber vielleicht?«, grübelte Gaby. »Die sind auf jeden Fall nachtaktiv.«

»An einen Biber hab ich auch erst gedacht«, erwiderte Tim. »Aber hört euch doch mal diese Schritte an. Das müsste ja ein *Riesen*biber sein.«

»Riesenbiber?!«, zuckte Klößchen zusammen. Er lauschte konzentriert. »Die Schritte sind ganz nah«, wisperte er. Panisch wollte er nach seinem Rucksack greifen, doch Gaby hielt ihn zurück.

Die Detektive blickten einander mit offenen Mündern an. Als Erste trat Gaby in Aktion. Sie öffnete leise den Reißverschluss des Zeltes. Kaum hatte sie ihren Kopf ein Stück hinausgesteckt, bemerkte sie eine Gestalt über sich.

»Keine Angst«, tönte die Stimme.

»Wir sind's nur«, meldete sich eine zweite Stimme.

»Mama?! Papa?!«, rief Gaby mit zittrigen Beinen.

»Entschuldigt, wenn wir euch erschreckt haben«, erwiderte Herr Glockner.

Klößchens Gesichtszüge waren immer noch wie eingefroren. »Sollte das so eine Art Streich sein? Ich hätte fast 'nen Herzinfekt gekriegt!«

»In*farkt*«, korrigierte Karl.

Klößchen legte eine Hand an seine Brust. »Auf jeden Fall so ein Herzdings.«

»Wir haben komische Geräusche gehört und wollten nachsehen, ob alles in Ordnung ist.« Margot Glockner fuhr sich nervös durch die Haare.

»Wir haben auch etwas gehört«, nickte Tim aufgeregt.

Im Nu waren alle Detektive aus dem Zelt gekrochen und sahen sich im Licht des Vollmonds um.

Gaby kniff die Augen zusammen. »Psst!«, zischte sie. »Hört doch mal!«

»Ich glaube, das Geräusch kommt vom anderen Zelt«, zischelte Tim.

Schließlich erkannten sie Konturen im schwachen

Mondschein. »Jemand schleicht aus eurem Zelt!« Gaby blickte schockiert ihre Eltern an.

»He! Stehen bleiben!«, schrie Herr Glockner und rannte der Gestalt hinterher. TKKG nahmen ebenfalls die Verfolgung auf. Doch als sie das glocknersche Zelt erreichten, war die Person fort.

»Da!« Karl zeigte zum Hügel. »Die Gestalt rennt zum Ufer runter!«

Während der Kommissar und TKKG die Verfolgung aufnahmen, kreischte Gabys Mutter aus dem Zelt. »Meine Handtasche ist weg! Mein Geld, mein Handy – alles!«

Verfolgung im Mondschein

So schnell die Detektive auch den Hügel hinab zum Ufer rannten, die Gestalt war ihnen weit voraus. Sie sprang in ein Boot und ruderte eilig davon.

TKKG verteilten sich wieder auf zwei Kanus, Herr Glockner bestieg das dritte. Anfangs waren sie dem Fluchtboot noch dicht auf der Spur. Das Mondlicht

war so hell, dass sie auch ohne Taschenlampe fahren konnten. Dann aber passierte etwas Unerwartetes. Eine dicht wabernde Nebeldecke hüllte sie ein. Schnell verloren sie die Orientierung.

»Ich glaub, ich hör was«, rief Karl schließlich und gab den anderen ein Zeichen, dass sie das Paddeln einstellen sollten. »Guckt mal, die kleinen Wellen hier ...« Er zeigte ins Wasser. »Der Dieb muss in diese Richtung gefahren sein!«

»So eine Sauerei!«, ärgerte sich Herr Glockner.

»Hä?«, stutzte Gaby. »Warum Sauerei? Ist doch cool, Papi, dass Karl die Richtung bestimmen konnte!«

»Das meinte ich nicht«, stellte Gabys Vater klar. »Mein Kanu hat ein Loch – es läuft voll! Sieht so aus, als hätte unser Dieb dafür gesorgt.«

»Boah! Wie fies!« Klößchen blieb der Mund offen stehen.

»Hätten wir ihn nicht gestört, hätte er unsere Kanus bestimmt auch noch sabotiert«, vermutete Tim und schüttelte fassungslos den Kopf.

»Ich muss jedenfalls sofort umdrehen«, bedauerte Herr Glockner. »Aber vielleicht habt ihr mehr Glück und könnt zumindest rausfinden, wo der Dieb anlegt. Und morgen suchen wir dann weiter.«

»Bist du sicher, dass du es allein ans Ufer zurückschaffst?«, vergewisserte sich seine Tochter. Der Kriminalkommissar zeigte mit dem Daumen nach oben. Bevor er eilig zur Insel zurückpaddelte, bat er Tim, Karl, Klößchen und Gaby aber noch, sehr vorsichtig zu sein.

Die vier pflügten mit ihren Paddeln weiter durch das Gewässer voran, als sich endlich der Nebel lichtete.

»Der Steg!«, rief Klößchen wenig später und ließ sein Paddel sinken.

»Und das Ruderboot«, flüsterte Karl erstaunt.

Die Spur verliert sich

Während Tim, Gaby und Klößchen kurz darauf den Schilfpfad entlanghasteten, nahm Karl noch rasch das Boot unter die Lupe. Er befühlte die Griffe der Ruder. »Sind noch warm. Das war also definitiv das Fluchtboot!«, murmelte er. Plötzlich bemerkte er unter der Sitzbank einen Gegenstand, der im Mondlicht schimmerte. Kurzerhand holte Karl einen Ein-

malhandschuh aus seiner Bauchtasche, in der er seine Notfallausrüstung aufbewahrte. Er zog sich den Handschuh über und griff nach dem Objekt.

Es war ein kleines Taschenmesser. Im Nu hatte er eine Plastiktüte für Indizien in der Hand, ließ den Fund darin verschwinden und eilte dann seinen Freunden hinterher. Die standen bereits vor der Hütte. Tim leuchtete durchs Fenster, drehte sich zu den anderen um und schüttelte den Kopf. »Niemand zu sehen«, wisperte er.

Die Detektive liefen einmal um die Hütte, fanden jedoch keine Spuren. Zuletzt leuchtete Tim in den Wald hinter dem Häuschen.

»Ich fürchte, da haben wir keine Chance, ihn zu finden«, stöhnte Karl. »Das ist wie eine Nadel im Heuhaufen ...«

»Na toll.« Gaby biss sich auf die Unterlippe. »Der Dieb hat sich in Luft aufgelöst – mitsamt Mamas Handtasche!«

In diesem Moment ertönte aus weiter Ferne eine Stimme. Die Freunde lauschten aufmerksam. Klößchen sah Gaby verwundert an. »Sag mal, ruft da jemand deinen Namen?«

Die Suche geht weiter

Gaby lauschte konzentriert. »Das ist nicht irgendjemand«, korrigierte sie. »Das ist Papi!«

»Bestimmt macht er sich schon Sorgen«, vermutete Karl. »Ich würde sagen, wir fahren zurück zur Insel.«

»Tja, hoffentlich haben wir morgen mehr Glück«, war Gaby geknickt.

Klößchen legte ihr tröstend die Hand auf die Schulter. »Wir finden den Täter ...«

Tim nickte. »Vorher reisen wir nicht ab«, versprach er.

Gleich nach dem Frühstück am nächsten Morgen sahen sich TKKG am Ufer der Insel um. Oskar half ihnen mit seiner Schnüffelnase.

Die erste Entdeckung machte Karl. Dort, wo das Fluchtboot des Diebs gelegen hatte, fand er einen Schuhabdruck am schlammigen Ufer. Er lichtete das Indiz mit der Handykamera ab. »Der Abdruck stammt definitiv nicht von uns. Leider ist er ein bisschen verwischt.« Da kam ihm eine Idee. »Erinnert ihr euch an die Gummistiefel, die ich an der Anglerhütte fotografiert habe?«

»Du meinst die, die ich hinter der Anglerhütte gefunden habe?«, fiel es Gaby ein.

Karl nickte beiläufig, während er wieselflink über sein Handydisplay wischte. »Ich vergleiche mal eben.« Prompt wanderte sein Blick von dem Schuhabdruck im Uferschlamm zum Handybildschirm und wieder zurück.

»Und?«, war Tim gespannt.

»Das Profil stimmt überein.«

»Also könnte dieser Lautenschlag der Dieb sein?«, forschte Klößchen nach.

»Oder es war doch Finn«, überlegte Karl laut. »Er könnte sich ja die Gummistiefel von Lautenschlag ›geliehen‹ haben.«

Klößchen zog die Augenbrauen hoch. »Hm ... du meinst, Finn könnte absichtlich eine falsche Fährte gelegt haben, damit alle glauben, Lautenschlag sei der Dieb?«

»Boah! Dann wäre Finn ja *noch* durchtriebener, als ich gedacht hätte«, war Tim entsetzt.

Gaby fuhr sich grübelnd übers Kinn. Dann schüttelte sie den Kopf. »Also, so richtig vertrauenswürdig finde ich ja keinen von beiden.«

In dieser Sekunde war das Brummen eines Elektromotors zu hören. Frau Mehring winkte ihnen schon von Weitem aus ihrem Boot zu. Inzwischen kamen auch Gabys Eltern ans Ufer. Sie hatten die Kanuverleiherin mit Klößchens Handy noch in der Nacht verständigt. Die Freude war groß, als sie sahen, dass die Kanuverleiherin ein Ersatzkanu im Schlepptau hatte. Kaum war sie ausgestiegen, sprudelte es aus ihr heraus: »Ich kann Ihnen gar nicht sagen, wie furchtbar ich das finde, was Ihnen letzte Nacht zugestoßen ist. Ich könnte es auch wirklich verstehen, wenn Ihnen die Lust am Paddeln vergangen ist.«

»Pah!«, unterbrach Herr Glockner sie. »So leicht lassen wir uns von einem Kleinganoven nicht aus der Fassung bringen!«

Frau Glockner lächelte. »Wir werden unsere Paddeltour wie geplant fortsetzen.«

»Wie schön!«, schien ihre Besucherin erleichtert.

»Ich habe übrigens gerade diesen Finn an der Schleuse getroffen und die dreißig Euro zurückverlangt.«

Tim rollte mit den Augen. »Pff. Ich wette, er hat nur einen dummen Reim von sich gegeben.«

»So ähnlich ...«, entgegnete die Kanuverleiherin und verzog den Mund. »Er hat mich nur ausgelacht und ist weggerannt. Was für ein Lümmel! Ich werde gleich morgen mit der Behörde sprechen, die für die Schleusen verantwortlich ist.«

»Danke auf jeden Fall für Ihren Einsatz«, nickte Gabys Mutter der Frau zu.

»Ihre Handtasche ist vermutlich nicht wieder aufgetaucht?«, erkundigte die sich nun.

Frau Glockner starrte ins Leere. »Ach! Das wäre auch zu schön.«

»Und haben Sie denn schon einen Verdächtigen, Herr Kommissar?«, wandte sich Frau Mehring an Gabys Vater.

»Tja, mir fehlen noch die klaren Indizien. Abgesehen davon weist mich meine Frau immer wieder freundlich darauf hin, dass ich im Urlaub bin.« Mit einem Nicken deutete er zu Tim, Karl, Klößchen und Gaby. »Aber laut den Kindern gibt es ja zwei Verdächtige: diesen jungen Schnösel von der Schleuse und den Angler, der die Angelregeln, sagen wir mal, eher locker umsetzt.«

Oskar hatte in der Zwischenzeit ausgiebig die Umgebung abgeschnüffelt. Plötzlich verharrte er an einer Stelle im hohen Gras und wuffte zweimal.

»Ich glaube, Oskar hat etwas entdeckt ...«, stutzte Gaby und rannte als Erste los. Ihre Freunde folgten ihr. Sie drückten die Grashalme zur Seite – da lag tatsächlich etwas.

»Hm ... sieht aus wie eine Anstecknadel«, murmelte Karl.

Schon nahm er eine Lupe zu Hilfe. »Hm, die stammt offenbar von einem Schützenverein. Tulpenberg 1960 e.V.«

»Sehr interessant! Das ist der Schützenverein einer Ortschaft hier ganz in der Nähe«, berichtete Frau Mehring. »Und ratet mal, wer dort Mitglied ist.«

»Ist dieser Finn nicht zu jung?«, überlegte Klößchen laut.

»Ich meine ja auch Oliver Lautenschlag«, entgegnete Frau Mehring lächelnd.

Ein überraschtes Raunen ging durch die Gruppe. Karl begann grüblerisch zu brummeln, dann fasste er die Indizien zusammen: »Also ... wir haben Lautenschlags Stiefelabdrücke, seine Anstecknadel und ein Ruderboot, das bei seiner Hütte angelegt hat.«

Gaby strich sich nachdenklich über die Augenbrauen. »Und ein Motiv hätte er auch. Er glaubt wohl, er habe es schlechter als alle anderen und es sei gerecht, wenn er sich bei anderen bedient.«

»Wahrscheinlich dachte Lautenschlag, er habe mein Zelt gefunden«, spekulierte Klößchen. »Und dann hat er sich einfach das geschnappt, was er auf die Schnelle kriegen konnte – eben die Handtasche.«

»Na, sieh mal an«, frohlockte Frau Mehring. »Vielleicht klärt sich die Sache ja schneller auf als gedacht. Reicht das denn für eine Festnahme, Herr Kommissar?«

Der pustete beiläufig eine Blattlaus von seinem Unterarm. »Leider nicht. Dafür bräuchte es eindeutigere Beweise.«

»Das Taschenmesser!«, hatte Karl einen Geistesblitz. »Das hatte ich ganz vergessen.« Schon überreichte er Herrn Glockner den durchsichtigen Indizienbeutel und erklärte: »Der Dieb hat das Ding im Ruderboot liegen lassen.«

Gabys Vater besah sich das Messer durch die Folie hindurch. »Sieht für mich nach einem Anglermesser aus. Allerdings ist es ganz schön klein. Wohl eher ein Messer, das ein Jugendlicher benutzen würde.«

Gaby schlussfolgerte prompt: »Was wiederum auf Finn hinweisen würde.«

»Der Junge ist ziemlich dreist, aber ob er wirklich nachts in fremde Zelte eindringt …?« Frau Mehring neigte zweifelnd ihren Kopf. »Also für mich ist es wahrscheinlicher, dass Oliver Lautenschlag die Sache Finn anhängen will. Unserem Angler traue ich so ziemlich alles zu.« Entschieden stemmte sie die Hände in die Seiten.

»Sehr sympathisch ist er mir der Anglerkerl auch nicht«, rümpfte Tim die Nase. »Aber nur weil er nachts angelt und die Schonzeit der Fische nicht einhält, ist er nicht automatisch ein Dieb.«

»Vergiss nicht die Schonzeit meiner Schokolade – die hat ihn auch null interessiert«, meinte Klößchen mit anklagend gestrecktem Zeigefinger.

Frau Glockner schlug sich seufzend mit der Hand an die Stirn. »Ehrlich gesagt schwirrt mir langsam der Kopf von all den Verdächtigungen. Ich komme mir schon vor wie in einem schlimmen Krimi«, stöhnte sie entnervt. »Wollen wir das leidige Thema nicht einfach abhaken und die letzten Urlaubstage in Ruhe genießen? In meinem Geldbeutel waren keine Ausweise und höchstens sechzig Euro. Und um das Uralthandy ist es wirklich nicht schade.«

»Hast ja recht, Margot!« Herr Glockner gab ihr einen Kuss. »Lassen wir uns nicht den Ausflug verderben. Eine Anzeige können wir immer noch später aufgeben. Meine Kolleginnen und Kollegen hier vor Ort können sich dann um alles kümmern.«

Frau Mehring streckte ihren Daumen nach oben. »Ein großes Kompliment, dass Sie das alles so locker nehmen. Und toi, toi, toi: Mit dem Ersatzkanu haben Sie hoffentlich mehr Erfolg.«

Wenig später verlor sich das surrende Geräusch ihres Bootsmotors in der Ferne. TKKG warteten am Ufer, bis Gabys Eltern zurück zu ihrem Zelt gegangen waren. Dann begannen sie, ihre eigenen Pläne zu schmieden: »Ich versteh deine Mutter ja irgendwie, Gaby«, räumte Tim ein und ließ seinen Blick zu Karl und Klößchen wandern. »Aber wollen wir den Dieb wirklich so einfach entkommen lassen?«

»Ungern«, stöhnte Karl. »Am Ende überfällt er andere Touristen.«

»Oder sogar noch mal uns«, knurrte Gaby.

Klößchen riss die Augen auf. »Ich muss meine Schoki in Sicherheit bringen!«

»Dann sind wir uns einig, dass wir an der Sache dranbleiben«, vergewisserte sich Tim.

»Auf jeden Fall!«, riefen seine Freunde im Chor.

Der Plan

Die Mittagssonne brannte auf die Touristen herunter. Herr und Frau Glockner steckten die Einzelteile ihres Zeltes in die jeweiligen Hüllen und Taschen. TKKG hatten ihr Wurfzelt bereits in Windeseile abgebaut. Klößchen warf einen Kontrollblick in seinen Rucksack.

»Puh! Alle Tafeln sind unversehrt.«

»Kein Mensch auf der Welt klaut eine Handtasche und dazu noch etwas Schokolade«, kommentierte Karl überzeugt.

Klößchen schnaubte. »Pah! Das kann nur jemand behaupten, der keinen Sinn für kakaohaltige Produkte hat.«

Tim wechselte augenrollend das Thema. »Wäre doch eigentlich gar nicht so schlecht, wenn der Dieb *noch einmal* zuschlägt. Dann könnten wir uns drauf vorbereiten und ihn auf frischer Tat ertappen.«

Gaby legte den Kopf schief. »Hm ... ich fürchte nur, der Täter hat eingesehen, dass bei uns nichts zu holen ist.«

Karl fuhr nachdenklich über den Rand seiner Nickelbrille. »Dann ist es höchste Zeit, dass wir ihn vom Gegenteil überzeugen.«

Klößchen verschränkte die Arme. »Du sprichst in Rätseln, Herr Vierstein.«

»Das ist eigentlich gar nicht so kompliziert: Wir stellen dem Dieb einfach eine Falle«, eröffnete Karl, als sei es das Allereinfachste der Welt.

»Mit Schokolade?!«, entfuhr es Klößchen. »Ich bin

mir nicht sicher, ob ich es verschmerzen kann, noch mehr Tafeln zu opfern ...«

Karl machte eine abwinkende Geste. »Wir sollten den Dieb mit etwas locken, was wirklich wertvoll ist.«

»Zu dumm, dass wir nichts Wertvolles haben«, zuckte Tim mit den Achseln.

»Aber wir können zumindest so *tun*«, lächelte Karl mysteriös. »Und bis der Dieb kapiert, dass es 'ne Falle ist ...«

»... sitzt er schon in derselben!«, beendete Gaby den Satz mit leuchtenden Augen.

»Der Haken ist nur: Wir wissen ja gar nicht, wer der Dieb ist«, wandte Klößchen ein, während er seinen Schlafsack einrollte.

Doch Karl hatte auch das bereits durchdacht. »Wir sind uns einig: Zu 99 Prozent ist es entweder dieser Lautenschlag oder eben Finn. Dann sollten wir beide mal aufsuchen und ihnen ganz nebenbei stecken, dass wir diese Nacht in der Eichenbucht verbringen. Und wir sollten erwähnen, dass wir einen bestimmten Wertgegenstand bei uns haben ...«

Tim, Gaby und Klößchen blickten einander stirnrunzelnd an.

»Klingt so weit alles logisch für meine Gehirnzellen ...«, fand Klößchen.

»Ich finde auch, das könnte klappen«, meinte Gaby.

Tim zeigte mit dem Daumen nach oben.

Karl zog den Indizienbeutel mit dem Anglermesser und der Anstecknadel aus der Tasche. »Und wenn wir die beiden schon vor uns haben, sollten wir ihnen bei der Gelegenheit gleich mal die Beweismittel unter die Nase halten.«

Wiedersehen an der Schleuse

Noch am selben Vormittag schwangen die vier ihre Stechpaddel. Auf den Kanälen schwirrten ganze Wolken von Mücken. Klößchen pulte sich mittlerweile die vierte Mücke aus der Nase, als sie endlich ihr Ziel vor sich sahen – die Schleuse!

»Haben sich deine Eltern eigentlich nicht gewundert über unseren Kanuausflug zu viert?«, wollte Karl von Gaby wissen.

»Ich hab behauptet, dass wir Herrn Keismar versprochen haben, Fotos von seltenen Spezies zu machen. Und dass sich die freiwillige Ferienarbeit sicher gut auf unsere Biologienote auswirken dürfte.«

»Geniale Idee!« Klößchens Gesicht leuchtete. »Das hätten wir ihm wirklich vorschlagen sollen.« In dem Moment entdeckte er einen Graureiher, der reglos auf einem Weidenstamm stand und nach Beute Ausschau hielt.

»Ob der Graureiher wohl als seltenes Tier gelten würde?«, überlegte er laut.

»Ich befürchte, nein«, fand Gaby und stach mit dem Paddel ins Wasser. »Biber, Rotbauchunken, Schwarzstörche ... die wären ’ne echte Besonderheit.«

»Ich seh zwar kein seltenes Tier, aber da vorn wäre die Schleuse«, klinkte sich Karl ein. Schon hielt er sich das Fernglas vors Gesicht. »Gute Nachricht! Finn ist an der Schleuse. Sieht so aus, als hätte er sich ’ne Hängematte gespannt.«

Gaby kniff die Augen zusammen. »Bin mal gespannt, wie er auf uns reagiert.«

»Ihr wollt wohl euer Geld zurück? Da habt ihr leider gar kein Glück!«, rief er ihnen hämisch zu, während sie auf die Schleuse zupaddelten.

Statt einer Antwort präsentierte Karl den Indizienbeutel mit dem Taschenmesser. »Schon mal gesehen, das gute Stück?«

»Ihr kommt mit 'ner Mülltüte her?«, lachte sich Finn erst einmal schlapp.

»Schau lieber mal genauer hin«, empfahl Klößchen. »Der Inhalt der ›Mülltüte‹ dürfte dich interessieren …«

»… und die Polizei womöglich auch«, setzte Gaby einen drauf.

Das Schlagwort ›Polizei‹ wirkte. Finn beugte sich rasch über den Kanal zum Kanu. Beim Anblick des Messers zuckte er zusammen. »Hey, das ist ja *meines!* Das such ich schon die ganze Zeit!«

Gaby verschränkte die Arme vor dem Körper. »Es war in einem Ruderboot, das letzte Nacht bei Lautenschlags Anglerhütte angelegt hat.«

»Genau genommen im Fluchtboot eines Diebes«, stellte Tim trocken fest.

Finn machte sofort eine abwehrende Geste. »Okay,

okay … ich gebe ja zu, ich hab mir das Boot vom ollen Lautenschlag schon mal ausgeliehen. Aber das war schon vor ’ner Weile und auch nur kurz.«

Schon brachte Karl die Anstecknadel zum Vorschein. »Leihst du dir gelegentlich auch mal so was bei ihm aus?«

Finn lachte ungläubig. »Warum sollte ich mir so ’n hässliches Ding ausleihen?«

»Vielleicht, um es *ganz zufällig* in der Nähe eines Tatorts fallen zu lassen, sodass der unschuldige Lautenschlag verdächtigt wird«, argwöhnte Klößchen.

»Ach ja, und dann wären da noch die Abdrücke von Gummistiefeln am Tatort. Die hast dir wohl ebenfalls von dem Angler ›geliehen‹«, fügte Gaby hinzu.

»Echt keine Ahnung, wovon ihr redet.« Finn zuckte mit den Schultern.

TKKG tuschelten kurz miteinander.

»Hm …. falls er lügt, dann macht er das ziemlich professionell.«

»Vielleicht ist dieser Schleusertyp aber wirklich zu klein für so eine Verbrechernummer.«

»In dem Fall wäre also doch Lautenschlag der Täter.«

»Dann ziehen wir ihn doch mal ins Vertrauen – mal schauen, wie er reagiert.«

Die vier Detektive nickten einander zu. Kurz darauf berichteten sie Finn von dem Taschendiebstahl. Der Jugendliche war tatsächlich schockiert. »Heftige Sache! Und so was hier im Oberwald!«

Tim starrte ihn verdutzt an. »Na ja, irgendwie lustig, dass ausgerechnet *du* schockiert bist. Verlangst dreißig Euro Trinkgeld, obwohl ein bis zwei Euro üblich sind!«

»Das tut euch, glaub ich, nicht so wahnsinnig weh und ist ja für einen guten Zweck!« Finn zeigte eitel auf sich selbst.

»Pah!« Klößchen schlug sich die Hand an den Kopf.

»Aber weißt du was?!«, wechselte Karl die Taktik. »Wir können das mit den dreißig Euro vergessen, falls du uns hilfst. Wir wollen diesen Oliver Lautenschlag überführen. Und du kennst ihn besser als wir und kennst dich hier auch besser aus.«

»Was hat er überhaupt geklaut?«, war Finn interessiert.

»Das ist ja der Witz: nur ein bisschen Bargeld und ein schrottreifes Handy«, kicherte Tim.

»Zum Glück hat er das Wertvollste nicht entdeckt – meine brandneue Digitalkamera. Die rolle ich nämlich immer in meinen grünen Schlafsack ein!«, stellte Karl die Falle.

»Da ist das gute Stück heute Nacht immerhin ziemlich sicher«, spielte Gaby ihren Part. »Wir zelten an einer versteckten Stelle in der Eichenbucht am Großen Schmüggelsee. Unmöglich, dass Lautenschlag uns da findet.«

Nun klinkte sich Tim ein. »Ja! Ich freu mich schon so auf die Mitternachtswanderung!«

»Heute soll man Mars am Nachthimmel besonders gut sehen können«, schauspielerte Klößchen.

Finn hatte den Detektiven aufmerksam gelauscht. »Ihr seid auf jeden Fall mutig: 'nen Nachtspaziergang machen, während ein Dieb da draußen rumrennt. Aber ist euer Ding ... Auf jeden Fall sag ich euch Bescheid, falls ich irgendwas über Lautenschlags Pläne rausfinde.«

Die Fische sind nervös

Gleich nach dem Gespräch mit Finn suchten TKKG den zweiten Verdächtigen auf. An der Anglerhütte war keine Spur von Lautenschlag. Sein Ruderboot war auch nicht am Steg vertäut. Und so beschlossen die Detektive, ein wenig in der Gegend zu paddeln und Ausschau nach dem Angler zu halten.

Kaum waren sie in einen schmalen, fast zugewucherten Kanal eingefahren und hatten sich durch die überhängenden Weidenruten gekämpft, entdeckten sie ein Boot. Lautenschlag hielt hoch konzentriert seine Angel ins Wasser.

»Guten Tag!«, rief Gaby. Tim, Karl und Klößchen winkten fröhlich.

Der Mann war alles andere als begeistert. »Psst! Ihr macht mir die Fische scheu mit eurem Gepaddel und Gerufe!«

»Na, haben die schuppigen Wassertierchen schon angebissen?«, flötete Klößchen.

»Na, *du* hast ja Nerven«, knurrte Lautenschlag mit verschlossenem Gesicht und holte seine Angelleine ein. »*Bevor* ihr aufgetaucht seid, sind *die Tierchen* munter um den Köder rumgeschwommen. Jetzt haben sie sich verzogen.«

»Waren Sie heute Nacht zufällig mit Ihrem Ruderboot unterwegs?«, fragte Tim aus heiterem Himmel.

Oliver Lautenschlag schwankte kurz im Boot, so überrascht war er. »Ich!? Wozu sollte ich nachts rumschippern!?«

»Wir dachten, Sie sind ein Freund des Nachtfischens«, erwiderte Tim.

»Wer sagt denn so was?«, fauchte der Angler. »Nachtfischen ist verboten, und zwar zu Recht.«

»Also gibt es *doch* Recht und Unrecht in Ihrer Welt«, meinte Klößchen mit einem schadenfrohen Grinsen.

»Jetzt werdet mal nicht schnippisch«, wischte Herr Lautenschlag die Bemerkung weg wie eine lästige Fliege.

»Übrigens, gut, dass wir Sie treffen«, schaltete sich Gaby ein. »Vermissen Sie eine Anstecknadel vom Schützenverein?« Karl brachte das Indiz zum Vorschein.

»Anstecknadel? Schützenverein? Hm ... könnte sein, dass es meine ist. Hab sie aber ehrlich gesagt nicht vermisst. Ich trage diese Dinger nicht. Ich bin doch kein Weihnachtsbaum, oder seh ich etwa so aus?«

»Interessant ist nur, *wo* wir die Nadel gefunden haben ...«, blieb Klößchen am Ball. »Nämlich an einem Tatort, an dem es rein zufällig Abdrücke von Ihren Gummistiefeln gab.«

Lautenschlag zupfte bestürzt an den Hosenträgern seiner Anglerkleidung herum. »*Tatort?!* Das wird ja immer bunter. Was denn bitte für ein Tatort?«

»Die Handtasche meiner Mutter wurde gestohlen ... aus ihrem Zelt«, ließ Gaby durchblicken. »Wir haben auf der Insel am Kleinen Schmüggelsee übernachtet.«

Der Angler tippte sich an die Stirn. »Und ihr meint, ich hätte was damit zu tun? Für wen haltet ihr mich?!«

Karl zeigte ihm erst ein Handyfoto mit dem Schuhabdruck am schlammigen Ufer. Anschließend präsentierte er ein Foto mit den senfgelben Stiefeln von der Anglerhütte.

»Wie erklären Sie sich die Übereinstimmung des Stiefelprofils?«, bohrte er nach.

»Ach, *die* ollen Treter«, winkte Lautenschlag ab. »Die trag ich schon lang nicht mehr. Haben ein Loch. Und mit undichten Stiefeln kann ein Angler nicht liefern.«

»Zeit für ’nen Taktikwechsel«, raunte Gaby und wandte sich dann laut und deutlich an den Angler. »Ehrlich gesagt, haben wir Sie aber gar nicht ernsthaft verdächtigt.«

»Ach so?«, staunte der. »Das klang eben aber anders.«

»Bislang deutet vieles darauf hin, dass Finn der Täter war«, warf Klößchen ein.

»Wahrscheinlich hat er Ihr Ruderboot benutzt«, spekulierte Tim. »Und dann hat er am Tatort gezielt die Anstecknadel und die Stiefelabdrücke hinterlassen.«

»Immerhin stiehlt er Ihnen ja auch Karpfen – da ist der Weg zum Kleinkriminellen schon geebnet«, behauptete Klößchen.

Der Angler schnappte nach Luft. »Ein paar Fische mopsen, schön und gut. Aber Touristen überfallen und mich in solche Sachen reinziehen ... nee, nee ... *da* ist der Lausebengel aber deutlich zu weit gegangen!«

»Finn dürfte sich inzwischen übrigens mächtig ärgern«, grinste Tim. »Er hat nichts Wertvolles erbeutet. Das teuerste Stück ist ihm entgangen ...«

»... meine neue Digitalkamera nämlich«, täuschte Karl. »Die rolle ich immer in meinen neuen grünen Schlafsack ein!«

Herr Lautenschlag schien etwas verwirrt. »Na, sag das mal nicht zu laut. Wer weiß, wo dieser verlotterte Finn gerade rumschleicht ... Nicht, dass er uns noch belauscht ...«

»Heute Nacht dürfte er uns wohl kaum finden«, meinte Gaby mit gespielter Freude und in lautem Flüsterton. »Immerhin zelten wir gut versteckt in der Eichenbucht. Es wird eine ruhige Nacht.«

»Und machen eine richtig coole Mitternachtswanderung«, fügte Tim hinzu.

»Na dann: Frohes Wandern. Und dass ihr jetzt Ruhe habt! Und *meine Ruhe* will ich jetzt auch wieder haben. Sobald ihr euch vom Acker macht, kommen die Fische hoffentlich zurück.«

»Na dann!« Klößchen winkte zum Abschied. »*Gut Fisch* ... oder so ...«

»Du meinst *Petri Heil*«, korrigierte der Mann lachend. »Darauf kann ich nur sagen: Petri Dank. Und Tschüss!«

Während die Detektivfreunde ihre Kanus wendeten, zwinkerten sie einander zu.

»Ich würde sagen, dein Plan ist aufgegangen, Karl!«, strahlte Gaby.

»Na hoffentlich«, erwiderte der ein wenig verlegen. »Jetzt warten wir mal gespannt, welcher Fisch – und ob überhaupt einer – heute Nacht bei uns im Zeltlager anbeißt.«

Die Falle schnappt zu

Gut gelaunt paddelten die Freunde zum Großen Schmüggelsee. Die Eichenbucht machte ihrem Namen alle Ehre. Im Schatten der knorrigen Bäume gingen TKKG an Land. Gabys Eltern hatten ihr Zelt bereits aufgebaut. Sie ließen gerade eine Frisbeescheibe durch die Luft sausen, der Oskar nachjagte.

TKKG klinkten sich freudig ein. Anschließend spielten sie Badminton und kickten einen kleinen Fußball herum – der Cockerspaniel war immer mittendrin. Gegen Abend sammelten sie Holz fürs Lagerfeuer und machten sich später im Schein der Flammen über Grillkäse, Pilze und Tofuwürste her. Bevor die Urlauber aus der Millionenstadt schlafen gingen, hielten sie am klaren Nachthimmel Ausschau nach Sternschnuppen.

Als gegen Mitternacht unzählige Frösche um die Wette quakten, schliefen Gabys Eltern bereits tief und fest. Die jungen Detektive hatten sich dagegen erfolgreich wach gehalten. Sie schlichen aus ihrem Zelt und legten sich in einem Gebüsch auf die Lauer. Fernglas und Taschenlampe hatten sie griffbereit. Oskar war diesmal bei ihnen. Er starrte zum Vollmond hinauf und wollte schon losjaulen, da strich Gaby ihm beruhigend über den Kopf. »Psssst! Ich weiß, du willst den Mond anheulen wie deine Vorfahren. Aber bitte nicht jetzt!«

»Ich bin schon so gespannt, wer uns ins Netz geht«, platzte es aus Klößchen heraus. »Ich wette alle meine Tafeln darauf, dass es Finn ist.«

Gaby schüttelte den Kopf. »Also, ich tippe eher auf Lautenschlag. Der Kerl ist ... wie sagt man ...?«

»Dubinös?«, erfand Klößchen ein neues Wort.

Karl blinzelte verwundert. »Meinst du ›dubios‹ oder ›ominös‹, Klößchen?«

»Auf ihn passt beides. Aber auf Finn noch mehr!«

Tim blickte sich aufmerksam um. »Auf jeden Fall wissen wir schon bald, wer der Täter ist.«

»Pssst ... ich hör was!«, meldete sich Karl und schwenkte sein Fernglas.

Gaby zeigte mit offenem Mund in Richtung Zelt. »Da! Ein Schatten!«

Klößchen rieb sich die Hände. »Ha! Der Dieb glaubt ernsthaft, wir sind auf einer Nachtwanderung ...«

Im Sprechen machte er einen Schritt rückwärts und trat Oskar auf die Pfote. Der Spaniel quietschte laut auf.

»Oh, entschuldige, Oskar!«, wisperte Klößchen zerknirscht.

»Ich glaube, der Dieb hat das auch gehört«, kommentierte Karl mit dem Fernglas vor Augen. »Er haut ab!«

»Hinterher!«, flüsterte Gaby.

TKKG rannten, was ihre Muskeln hergaben. Atemlos sprinteten sie durch den dunklen Wald. Da verfing sich Tims Fuß in einer Wurzel und er knallte mit dem Kopf auf den Boden.

»Alles gut?«, erkundigte sich Gaby sofort und half ihm hoch.

»Geht schon!«, murrte Tim und war wieder auf den Beinen. Oskar übernahm unterdessen die Führung.

»Los, Oskarchen! Schnapp ihn dir!«, brüllte Gaby.

Ihrem Spaniel gelang es, der Gestalt den Fluchtweg abzuschneiden. Schon änderte diese die Laufrichtung und rannte unversehens auf Karl zu.

»Stell dem Kerl ein Bein, Karl!«, schrie Klößchen.

Wie ein Verteidiger beim Fußball streckte Karl ein Bein nach vorn aus. Mit vollem Erfolg. Die flüchtende Person purzelte in einen Brombeerstrauch.

»Autsch«, ertönte eine bekannte Stimme.

»Leuchte mal hier rüber, Klößchen!«, bat Tim seinen Freund. Schon richtete Klößchen den Lichtstrahl auf ihren Verdächtigen.

»He! Hör auf, mich zu blenden!«, polterte der aus dem Gebüsch zurück.

»Wette gewonnen!«, jubelte Klößchen. »Ich würde sagen: Wir haben dich, Finn, und bringen dich jetzt zur Polizei!«

»Wieso das denn?«, regte sich der Jugendliche auf.

Gaby stemmte die Hände in die Seiten. »Lass mich raten: Du hast zufällig Karls Digitalkamera gesucht.«

»He! Aber ich wollte doch gar nichts klauen!«, protestierte Finn, während er sich einen Brombeerstachel aus der Hand zog. »Ihr habt mir ja erzählt, dass ihr in der Eichenbucht zeltet und dass ihr eine Mitternachtswanderung machen wollt …«

»Klingt nach einem Geständnis«, frohlockte Klößchen.

»Ich gestehe nur eines: Ich wollte euch heimlich das Geld ans Zelt stecken.«

»Du hast also doch Mamas Handtasche geklaut!«, beschuldigte Gaby ihn.

Finn machte eine abwehrende Geste. »Langsam, langsam. Ich rede von den dreißig Euro, die deine Mutter an der Schleuse geblecht hat. Ich bin kein Dieb«, beharrte Finn. »Und auch wenn ihr's nicht glaubt: Auch ich hab ein Gewissen und in dem Fall sogar ein schlechtes. Ihr wart so freundlich, obwohl ich so fies zu euch war.«

TKKG starrten einander ungläubig an. Gaby zog die Augenbrauen hoch. »Echt jetzt?!«

Vor Überraschung hielt sich Klößchen die Hand vor den Mund. »Soll das heißen, du bereust die Abzockernummer?«

Schon zog Finn Geldscheine aus der Tasche. »Hier! Die Kohle könnt ihr wiederhaben.«

»Ähm ... ist das einer der fiesen Tricks?«, blieb Tim misstrauisch.

Finn schüttelte den Kopf.

In dem Moment hob Tim plötzlich die Hand. »Da ist was!«, zischte er.

TKKG lauschten gespannt.

»Klingt wie Schritte auf einem Boot«, fand Gaby. Dann war ein Platschen vom Ufer her zu hören. »Vielleicht Mami oder Papi?«

»Was sollten deine Eltern mitten in der Nacht auf einem Boot wollen?« Tim kniff die Augen zusammen. »Besser, wir sehen uns das mal aus der Nähe an.«

Im nächsten Moment hasteten TKKG mit Oskar zum Ufer. Finn schloss sich ihnen an.

»Da hat wirklich gerade ein Boot abgelegt«, merkte er als Erster.

»Dann ist der Dieb uns mal wieder entkommen!« Tim ballte frustriert die Faust.

Finn machte eine Unschuldsgeste. »Seht ihr? Ich war's wirklich nicht.«

»Los, in die Kanus!«, rief Gaby gleichzeitig. »Und dann direkt zur Fischerhütte. Diesmal kriegen wir diesen Lautenschlag.«

»Wie kommt ihr denn darauf, dass *er* euer Täter ist?«, wunderte sich Finn, während er mit den Detektiven Schritt hielt.

»Hier sind schon wieder die Stiefelabdrücke.« Karl zeigte auf eine Stelle am Ufer. Schon machte er ein Handyfoto mit Blitzlicht. »Es kann nur Lautenschlag sein. *Du* hast die Abdrücke ja offenbar nicht hinterlassen.«

»Na, dann haltet euch mal fest«, meinte Finn geheimnisvoll. »Lautenschlag ist gerade in der Stadt und feiert mit seiner Schwester ihren vierzigsten Geburtstag. Hat er mir vorhin noch erzählt.«

»Das kann nicht sein«, stutzte Gaby und blieb abrupt stehen.

Tim nestelte an seinem Shirt herum. »Bist du dir sicher, dass er dir keine Lügengeschichte aufgetischt hat?«

»Wer auch immer der Dieb ist, mit den Kanus habt

ihr keine Chance, ihn einzuholen«, ahnte Finn. »Euer Glück ist: Zu Fuß könnt ihr von hier aus sogar schneller an der Hütte sein als die Person im Boot. Die muss die ganzen verschlungenen Wasserwege nehmen. Wir können einfach quer durch den Wald rennen.«

»Wir?«, vergewisserte sich Klößchen.

»Na klar!«, erwiderte Finn. »Ich will jetzt auch wissen, wer hier die Leute beklaut. Außerdem kenn ich den direkten Weg zur Hütte.« Schon preschte er voraus.

Nachtlauf mit Finn

Angeführt von ihrem einheimischen Begleiter sprinteten die Detektivfreunde durch den Wald. Der Jugendliche erwies sich als blitzschneller Läufer. TKKG hatten Mühe, mit ihm mitzuhalten. Außer Atem erreichten sie schließlich die Fischerhütte.

»Was ist noch schlimmer als eine Nacht*wanderung?*«, hechelte Klößchen. »Ein Nacht*lauf!*«

»Psssst«, zischte Tim in derselben Sekunde. »Da legt gerade ein Boot an. Schnell ... verstecken!«

TKKG, Finn und Oskar krochen ins Schilfdickicht, das zwischen der Hütte und dem Steg lag. Karl drückte sich das Fernglas an die Augen und schwenkte es in Richtung Steg. »Da läuft wirklich jemand zur Hütte. Hm ... bin mir nicht sicher ... hab Lautenschlag eigentlich größer in Erinnerung. Und dummerweise trägt die Gestalt 'ne Kapuze. Man sieht das Gesicht gar nicht. Oh, jetzt schließt die Person die Hütte auf ... und macht das Licht an ... geht zu einer Kommode und legt irgendwas in die obere Schublade. Sieht aus wie ein Dokument.«

»Ich kenn mich ganz gut aus«, flüsterte Finn. »Lautenschlag hat da drin normalerweise nix außer seinem Angelschein.«

Ein Schilfhalm kitzelte Tims Nase. Er hatte Mühe, ein Niesen zu unterdrücken. »Mal angenommen, das da in der Hütte ist *nicht* Lautenschlag …«, begann er schließlich. »Wer nimmt denn heimlich seinen Angelschein und legt ihn zurück?«

Die anderen zuckten ratlos mit den Achseln.

»Die Gestalt verlässt jetzt die Hütte und geht wieder zum Steg«, kommentierte Karl unterdessen.

»Der Dieb entkommt uns nicht«, meinte Klößchen mit finsterem Blick. Während die Gestalt den Schilfpfad zum Steg entlanglief, krochen sie sicherheitshalber ein Stück tiefer ins Dickicht. Plötzlich ertönte unweit von ihnen ein wildes Schnattern. TKKG und Finn froren förmlich ein vor Schreck. Jetzt erst begriffen sie, dass sie einen Schwan gestört hatten. Und das schien dem überhaupt nicht zu gefallen. Aufgebracht begann er, mit seinen mächtigen Flügeln zu schlagen. Er versuchte sogar nach ihnen zu schnappen. Die fünf hatten keine Wahl. Sie sprangen aus ihrem Versteck. Keine fünf Meter von der unbekannten Person entfernt. Sofort flüchtete die in den Wald hinter der Hütte. Der Schwan verstellte den Detektiven und Finn den Weg. Zum Glück hatten sie Oskar bei sich. Der Cockerspaniel knurrte und kläffte aus ganzer Kehle, bis er den riesigen Vogel endlich in die Flucht geschlagen hatte. Sie blickten zur Hütte. Gerade sahen sie noch den Umriss der Person, die zwischen Bäumen und Sträuchern verschwand.

»Diesmal entkommt er uns nicht!« Tim boxte sich entschlossen auf den Oberschenkel und rannte als Erster los.

»Oskarchen, fass!«, rief Gaby. Schon wetzte ihr Cockerspaniel zu den dicht stehenden Baumstämmen und war bald außer Sichtweite. TKKG und Finn folgten Oskars Bellen, so gut es ging. Klößchen versuchte, mit der Taschenlampe die Umgebung ein wenig auszuleuchten. In der Eile stieß er sich gleich zweimal den Kopf an einem Ast.

Mit von Zweigen zerkratzten Gesichtern erreichten sie schließlich eine kleine Lichtung. Gaby, die vorauslief, blieb kurz stehen und lauschte angestrengt.

Schließlich zeigte sie in die Richtung, aus der sie Oskar knurren hörte. »Da lang!«, rief sie den anderen zu.

Kurz darauf erreichten sie das Ufer des Sees. Vor ihnen lag ein etwa zehn Meter langer Steg. An dessen Ende stand die mit der Kapuze verhüllte Gestalt. Ihre Körperhaltung verriet höchste Anspannung. Der knurrende Oskar hatte die unbekannte Person offenbar in die Enge getrieben.

»Geh weg! Geh weg!«, herrschte die Stimme den Spaniel an. Dabei knarrten die offenbar morschen Holzbretter. Plötzlich brach ein Brett krachend entzwei. Nur durch einen panischen Sprung rettete sich die Person von dem Sturz ins tiefe, kalte Seewasser.

»Nehmt euren Hund weg!«, befahl die Stimme, als sie TKKG und Finn bemerkte. Die fünf standen inzwischen am Anfang des Stegs. Im Mondlicht versuchten sie zu erkennen, wer ihnen da gegenüberstand. Klößchen klopfte an seiner Taschenlampe herum, die zwischenzeitlich den Geist aufgegeben hatte.

In dieser Sekunde brach ein weiteres Brett durch. Nur knapp entging die Gestalt erneut dem Sturz vom Steg. »Nehmt ihr jetzt endlich mal die Töle weg!«, schrie die Stimme.

»Die Stimme kennen wir doch ...« Gaby fuhr sich grübelnd durchs Haar.

»Frau Mehring, sind Sie das?«, rief Karl zum Ende des Stegs.

»Was macht ihr denn hier?«, überschlug sich die Stimme von Frau Mehring.

»Wir sind, ehrlich gesagt, auch überrascht, Sie hier zu treffen«, erwiderte Klößchen. Mit einem Mal funktionierte seine Taschenlampe wieder. Prompt richtete er den Lichtstrahl auf die Kanuverleiherin.

Tim legte den Kopf schief. »Oskar hält Sie wohl für den Dieb, Frau Mehring.«

»Ich weiß auch nicht, wie er darauf kommt!«, behauptete die Kanuverleiherin mit einem Engelsgesicht. »Ist wohl der falschen Spur gefolgt. Dabei sollte er lieber diesem kriminellen Angler nachjagen.« Sie fuchtelte aufgeregt mit den Händen und klang mit einem Mal gar nicht mehr so freundlich. »Könnt ihr euren Kläffer jetzt endlich mal zurückrufen?«

Gaby blinzelte nachdenklich. Dann wandte sie sich an ihre Freunde: »Meint ihr, ich sollte Oskar langsam mal zurückrufen?«

Doch Karl machte ihr ein Zeichen. »Warte noch kurz. Ich hab da so ein komisches Gefühl. Klößchen, kannst du mal die Schuhe von Frau Mehring anleuchten?«

Achselzuckend ließ der den Lichtstrahl weiter nach unten wandern. Prompt erhellte er senfgelbe Gummistiefel, die stark abgetragen aussahen. Die Detektive machten große Augen.

»Sind das nicht die löchrigen Latschen von Lautenschlag?«, kam es Klößchen in den Sinn.

Karl strich sich über die Bügel seiner Nickelbrille. »Sieht ganz danach aus, als hätte Frau Mehring Lautenschlag belasten wollen.«

»Hm ... das wird meinen Vater brennend interessieren.«

Schon griff Gaby nach ihrem Handy und entfernte sich ein paar Meter von den anderen. »Ich ruf ihn gleich mal an.«

»Waren Sie zufällig in der Hütte von Lautenschlag und haben den Angelschein zurückgelegt?«, schaltete sich Finn derweil ein.

Die Kanuverleiherin zog es vor zu schweigen.

»Warum haben Sie denn heute nicht sein Ruderboot benutzt?«, hakte Tim nach.

»Na, weil es angekettet war«, antwortete Finn anstelle von Frau Mehring. »Das macht Lautenschlag immer, wenn er wegfährt.«

Mit vor Wut funkelnden Augen murmelte die Frau: »Ja, *das* weiß ich jetzt auch!«

In dieser Sekunde kam Gaby an den Steg zurück. »Und jetzt mal Hand aufs Herz ... *Warum* haben Sie Mamas Handtasche geklaut?«

»Ach, es ging mir doch nicht um die blöde Tasche«, stellte Frau Mehring klar. »Die kann deine Mutter meinetwegen zurückhaben.«

»Wollten Sie uns also einfach Angst einjagen?«, versuchte sich Tim einen Reim auf die Sache zu machen. »Aber warum sollten Sie das wollen? Sie brauchen doch die Touristen. Wer mietet denn sonst Ihre Kanus und Ferienwohnungen?«

Die Kanuverleiherin schnaubte. »Es ist alles wegen dieses Dickschädels von einem Angler. Ich hab ihm viel Geld geboten, eigentlich viel zu viel. Aber der Sturkopf will seine Fischerhütte partout nicht verkaufen, obwohl er die Kohle eigentlich gut brauchen könnte. Und jetzt stellt euch mal vor, was seine Begründung ist.« Sie machte Lautenschlags Stimme nach. *»Ich will einfach nur in Ruhe angeln.«* Dann sprach sie aufgeregt in ihrem Tonfall weiter. »Wie dumm kann man denn sein?«

»Aber was wollen Sie denn überhaupt mit seiner Bruchbude?«, stutzte Finn.

»Garantiert braucht sie das Grundstück für ihr Luxus-Wildnis-Resort«, ahnte Gaby.

Frau Mehring nickte widerwillig. »Mit dem popeligen Kanuverleih komme ich gerade so über die Runden. Aber auch nur in den Monaten, in denen Touristen hier sind. Wer mietet schon zwischen November und März ein Kanu? Niemand! Tja, und so ist die Idee mit dem Luxus-Resort entstanden. Die Unterkünfte könnte man das ganze Jahr über vermieten. Aber von Anfang an gab es ein großes Problem. Schaut euch doch mal um!«

TKKG und Finn ließen ihren Blick über die im Mondlicht versilberte Landschaft wandern.

»Kein Bauland weit und breit«, dachte Tim laut.

Die Frau senkte seufzend die Schultern. »Genauso ist es. Man bekommt hier keine Baugenehmigung. Außer man reißt sich die Fischerhütten unter den Nagel und baut sie einfach *um*. Das Interessante sind natürlich die Grundstücke selbst. Da kann man mit etwas Geschick noch ein, zwei, drei, vier, fünf weitere Hütten hinstellen.«

Karl rückte seine Brille zurecht. »Woher haben Sie überhaupt das Geld für so ein Projekt?«

»Das Geld hat *die Bank*. Und die setzt mich mächtig unter Druck. Die Ansage ist: Wenn der Bau nicht noch dieses Jahr beginnt, bekomme ich keinen Kredit und das Projekt ist gestorben. Und genau zu dem Zeitpunkt ist ganz unerwartet der Kommissar aus der Millionenstadt zu Gast. Viel nachdenken musste ich da nicht, bis ich auf die Idee kam, diese perfekte Gelegenheit zu nutzen und Lautenschlag ein für alle mal loszuwerden.«

»Deshalb haben Sie die ganzen falschen Fährten gelegt ...«, ahnte Klößchen.

»Aber Sie konnten nicht wissen, dass Lautenschlag diese löchrigen Gummistiefel gar nicht mehr trägt«, grübelte Karl laut. »Und das mit der Anstecknadel hat auch nicht gereicht. Also wollten Sie heute Lautenschlags Angelschein bei unseren Zelten platzieren. Stimmt's?«

»Ha! Das hätte garantiert für eine Festnahme gereicht. Mit einer ordentlichen Geldstrafe im Nacken wäre er so richtig pleite gewesen. Schon hätte er sein Grundstück an mich verkaufen *müssen!*« Die Kanuverleiherin stieß zischend Luft aus. »Zu dumm, dass ihr dann aufgekreuzt seid.«

»Tja, das alles war clever durchdacht«, meinte Finn mit einem anerkennenden Nicken. »Aber eben nicht clever genug. Lautenschlag hätte für heute sowieso ein wasserdichtes Alibi gehabt: Er ist mit vielen, vielen Leuten beim Geburtstag seiner Schwester in der Stadt.«

»So ein Mist …«, murrte Frau Mehring.

»Die gute Nachricht ist …«, begann Tim. »Sie müssen niemandem mehr etwas anhängen. Und weder der Polizei noch der Bank müssen Sie etwas vorspielen.«

»Allerdings ist es an der Zeit, die Wahrheit zu sagen«, fügte Gaby hinzu und zeigte auf einen fernen Punkt auf dem See. Dort blitzte das blau flackernde Licht eines Polizeiboots auf.

Frau Mehring zog die Schultern hoch und kaute nervös auf ihrer Unterlippe. »Ich schätze, die Sache ist gründlich schiefgelaufen …«

Ein Ende mit Wurst

Finn wandte sich strahlend den Detektiven zu. »Verbrechen aufklären macht ja noch mehr Spaß als gedacht.«

»Ist besser, als Verbrechen zu begehen, stimmt's?«, holte Tim zu einem Seitenhieb aus.

»Ach, du meinst wegen des bisschen Trinkgeldes an der Schleuse?« Finn winkte grinsend ab. »Kommt nicht wieder vor – versprochen!«.

Klößchen klopfte ihrem neuen Freund überschwänglich auf die Schulter. »Auf jeden Fall heißen wir dich ganz herzlich willkommen auf der hellen Seite der Macht!«

Inzwischen war das Polizeiboot nur noch etwa fünfzig Meter entfernt.

»Hier herüber«, riefen TKKG im Chor und wedelten mit den Armen. Das Boot steuerte nun auf den Steg zu.

»Wir sollten uns so bald wie möglich bei Lautenschlag entschuldigen«, kam es Gaby in den Sinn. »Wir haben ihn grundlos verdächtigt. Das hat er nicht verdient.«

»Fast wären wir auf die gemeinen Lügen von Frau Mehring reingefallen«, meinte Tim zerknirscht.

Karl streckte beide Daumen nach oben. »Vielleicht können wir Lautenschlag ja sogar fragen, ob er uns zum Angeln mitnimmt.«

»Oh ja, das wäre richtig cool!« Tims Augen leuchteten.

»Ich wollte auch schon immer mal 'ne Angelrute schwingen«, fuhr Klößchen fort. »Mir egal, ob ich nun 'nen ollen Schuh oder 'ne Dose angle oder 'nen römischen Schatz.«

»Den letzten Tag hier im Oberwald sollten wir auf jeden Fall nutzen«, freute sich Gaby. Dann fügte sie augenzwinkernd hinzu: »Und zwar ganz ohne Luxus.«

»Luxuriös sind hier eigentlich nur die Preise an der Schleuse!«, flachste Klößchen und stieß Finn kumpelhaft in die Rippen.

»Ach, keine Sorge«, erwiderte der. »Ihr bekommt beim nächsten Mal den ultimativen Freundschafts-

preis. Wir streichen mal eben die Null von den dreißig Euro.«

»Abgemacht!«, lachte Gaby.

»Und Hand drauf!«, tütete Tim die Sache ein. Schon legte er Finn den Arm um die Schulter. »Und du bist heute unser Ehrengast am Grillfeuer.«

»Du bekommst sogar 'nen exklusiven Freundschaftspreis für die Grillwürste«, lachte Klößchen verschmitzt.

Oskar schien ihn verstanden zu haben. Er wuffte laut und sprang immer wieder an Klößchen hoch.

»Und *du* bekommst die Würstchen sogar gratis, mein Lieber«, grinste Gaby übers ganze Gesicht. Oskar bellte zufrieden.

ISBN 978-3-440-17145-5
ca. €/D 7,–

Sonder-
bände

ISBN 978-3-440-16849-3
ca. €/D 11,–

Bücher
für
Erstleser

ISBN 978-3-440-17096-0
ca. €/D 8,–

ISBN 978-3-440-17555-2
ca. €/D 9,–

Hörspiele
ab 6 Jahren

Als CD, Tigercard, Tonie
und bei allen Streaming-
Anbietern erhältlich.

kosmos.de

tkkg-junior.de